一生一定要帶 她 去的城市之旅

杭州
慢慢玩
Hangzhou

典馥眉／金城妹子—著

Preface

杭州要怎麼玩,才能玩的道地又深入?想要瞭解或是認識杭州,我們可以透過以下幾種方式:

第一種方式:了解杭州的傳說故事。

「上有天堂,下有蘇杭。」自古以來,杭州就一直是中國人心目中的「天堂」!有水的城市,總是多幾分浪漫,就像義大利的威尼斯,讓人多了幾分暇想。杭州雖不靠海,但有耳熟能詳的錢塘江、西湖,又有群山環抱、好山好水,因此在杭州有特別多美麗的傳說與故事。

傳說雖然不一定是真實現實,但這些傳說和杭州景色環環相扣高潮迭起的故事會令人遊玩時更有感,所以本書中會敘述許多當地的故事!就讓美麗怪奇的傳說、妖怪、神仙,一同陪伴我們遊玩杭州吧!

第二種方式:遊西湖、吟名詩、品名茶。

豐饒富庶的物產、風光怡人的明媚景色,莫說詩人,就連乾隆皇也為杭州著迷不已,多次溜出宮廷出巡南方,履次造訪杭州著名的西湖十景,連皇帝也對美景讚嘆,題字留下到此一遊的墨寶。

其實最先的「西湖十景」始於南宋，十處美景或多與詩人有關，又喜用四個字為名，唸起來本身便頗有一番詩意。隨著時代變遷，後人為了因應當代的發展與需求，又再度於1985評選「新西湖十景」、2007「三評西湖十景」。此書所介紹的十景，是以南宋時期的西湖十景為主。

第三種方式：逛老街。

遊玩杭州大致分為四個區域：西湖、西湖市區、京杭運河區、西溪溼地區。每個區域或多或少都有一、二條保存下來的老街。在所有老街裡，最具歷史意義的當屬西湖市區的「河坊街」與「南宋御街」。

除了建築仿古之外，到了晚上，還真的有巡街人，敲著銅鑼、挨家挨戶喊：「天乾物燥，小心火燭。」這麼可愛又用心的老街，怎麼能不去逛逛呢？

第四種方式：逛博物館。杭州不大，但博物館奇多，或許是因為山明水秀，這裡的藝術氣息也就特別濃厚。不信？中國美術學院就設立在此呢！本書由深入淺出的方式，以說故事的口吻，將硬梆梆的文化精粹，化身為活靈活現的歷史趣味。有鑑於旅遊天數上的限制，本書篩選再篩選，從眾多景點中，挑選出最拔尖、最具代表性的景點，一一給予詳盡介紹。

Preface

誰說旅遊書都一樣？

　　看完第一個景點到最後一個景點，大腦裡只殘存一些模糊又依稀的片段，甚至無法決定到底要不要去那個景點？

　　在這本書中，不但請出古代四大人物（美食達人楊貴妃、勤學君王李世民、精打細算王熙鳳、聲勢浩大秦始皇），幫我們一起做判斷，另外還排出了作者心目中的「排行榜」，建議遊玩所需的日程時間，讓讀者可依自己的假期長短做出最佳安排。

　　在這本書最後，想要感謝媽咪、金城妹子的一路相伴、對這次旅行提供許多寶貴建議與提醒的率真田皓、美麗葳葳（謝謝妳的慷慨以及溫柔陪伴，還有始終香氣迷人的家）……等等。

　　謝謝曾經給予馥眉和妹子協助的每個人、謝謝每位可愛的讀者，也謝謝讓馥眉和妹子擁有許多快樂時光的朋友們，更謝謝張先生，以及所有業務部同仁。謝謝你們為這本書的付出！謝謝你們。

Contents

Chapte 4　西湖十景 ④⑨

Chapte 5　西湖東邊遊玩景點 ⑨③

Contents

Chapte 6 西湖北邊遊玩景點 153

Chapte 7 杭州的吃喝玩買攻略 197

Contents

Chapter 8　杭州旅遊不可不知 209

Chapter 01

杭州的
城市概要

杭州起源的傳說

西湖明珠自天降，龍飛鳳舞到錢塘。

傳說以前天上東邊住著一條玉龍，西邊住著一隻彩鳳，有一天，玉龍和彩鳳發現了一塊寶石，兩人商量著，一起將寶石琢磨成一顆世界上最美麗的明珠。

於是玉龍用爪子抓著寶石，彩鳳用尖尖的鳳嘴啄；兩人又分別前往仙山銜來清晨的露珠、天河裡晶瑩的河水，灑在寶石上。日復一日，年復一年，這塊寶石，終於被雕琢成一顆美麗無比的明珠。

這顆明珠不但美麗，而且它的光芒照耀到哪裡，那裡便草木逢春、百花齊放、風景明媚、物產豐饒。有天，天上的王母娘娘看到這顆明珠的寶光，羨慕的不得了，於是某天，趁著月黑風高，玉龍和彩鳳深深熟睡之時，派人將明珠偷回宮內，並且深藏於宮中，從不輕易示人。玉龍和彩鳳一覺醒來，發現明珠不見，十分著急，上天下地、到處尋找，但卻遍尋不著。

王母娘娘擁有如此美麗的明珠，卻不能向別人展現，實在是一件折磨人的事！於是在王母娘娘壽辰慶典這天，忍不住想向眾神現寶的王母娘娘，命人將明珠取出，展於眾神之前。於是，玉龍和彩鳳看到明珠的寶光，尋著光線來到了壽宴現場，兩人說明珠是他們

的，王母娘娘惱羞成怒，命人將明珠收回宮內時，玉龍和彩鳳上前奪珠，不料一陣你爭我奪之下，明珠飛出、掉入人間。

玉龍和彩鳳也一起縱身躍下，兩人一左一右、一前一後的護著明珠，直到明珠落入凡間之土，瞬間明珠化成了西湖。玉龍和彩鳳捨不得離開明珠，於是玉龍化成了玉皇山，彩鳳化成了鳳凰山，日日夜夜的守在明珠身旁，環抱著他們最美麗的明珠！

歷史上杭州的重要事件

在歷史上，關於杭州的重大事件有兩樁：一、隋朝始築「京杭大運河」；二、宋朝首都南遷杭州，史稱南宋。

隋朝時，在隋煬帝一聲令下，開築了京城到杭州的京杭大運河，在當時看似勞民傷財的暴政，卻帶來南北水路貫通、貨物流通方便，進而帶動杭州的富庶與發展。因此遊杭州時，如果有時間，可以安排到「京杭大運河區」，透過「京杭大運河博物館」，可以更了解此運河的細節與偉大之處。

而在隋朝後的宋朝，因為國力不振，被北方的金人壓迫而不得南遷首都，史稱南宋時期，當時南遷後的首都，就是定都杭州。做為一國的首都，杭州從此躍上歷史舞台，也將杭州的繁華與富庶，推向最高峰！

不可不知的杭州名人

白居易——

孤山寺北賈亭西，水面初平雲腳底。
幾處早鶯爭暖樹，誰家新燕啄春泥。
亂花漸欲迷人眼，淺草才能沒馬蹄。
我愛湖東行不足，綠楊蔭裡白沙堤。

　　大詩人白居易曾至杭州當官，當時杭州有許多古井已失去實質功能，造成百姓們的日常生活用水、飲水不便，於是白居易下令疏浚古井，又下令在西湖修建築堤，改善西湖的蓄積水量，這樣湖水在大旱來時，便能發揮功能灌溉農田、舒緩乾旱問題。

　　西湖平時儲水，乾旱時則打開閘門，讓水流進農田，調節水利，頗似今日我們的水庫功能，令人不得不佩服古人的智慧。當時的西湖叫錢塘湖，白居易為恐人民不懂如何使用堤壩，因此還作了「錢塘湖石記」刻在石碑上，上面詳細載明了堤壩如何蓄水、放水、保養的方法，以及放多少水，可灌溉多少農田等相當珍貴的資訊。

　　後來白居易被調到別處做官，他臨走時，甚至將自己存下來的官俸留在杭州官方庫銀之中，讓之後上任的官員，能夠用這筆官俸處理西湖治水問題。當初白居易修的堤已經不

在，但他的精神，卻深深的烙印在杭州人的心裡。百姓們為了感念他，於是便將西湖北邊的白沙堤，改名為「白堤」，以紀念他在西湖的德政。

蘇東坡——
水色瀲灩晴方好，山色空濛雨亦奇；
欲把西湖比西子，淡妝濃抹總相宜。

蘇軾，字子瞻，又名蘇東坡，號東坡居士，宋朝時期人，詩、詞、賦、散文、書法、繪畫皆有傑出成就，堪稱「全才」，是大文豪、大詩人，也是相當愛護百姓的政治家。

不過他的仕途之運不佳，因為能說直言、立場中立，因此在朝中得罪不少大臣，甚至一度下獄，有性命之憂。之後雖大赦出獄，但一再被貶官，不過也因為如此，蘇軾才有機會來到杭州理政。

在杭州當官的蘇東坡，疏浚西湖淤泥，還用這些泥築了一道長堤，這座堤就是今日我們稱的「蘇堤」。這座堤不止好看、風景優美，更有實質的調節水利功能，更節省了西湖南北的來往時間。

白素貞的千年愛戀——

有緣千里來相會，無緣對面手難牽；

百年修得同船渡，千年修得共枕眠。

中國有名的傳奇故事：白蛇傳——裡面白娘子與許仙相遇的場景，就是以杭州為背景！當年杭州還不叫杭州，叫「錢塘縣」，故事中，修鍊千年的白蛇與修鍊百年的青蛇，幻化為人形，來到西湖遊玩，突遇大雨，許仙慷慨借傘，於是開啟了這段人蛇奇戀。

故事看似是由借傘而開啟的情緣，但實則這一切的一切，都是白蛇的安排，為的是報答千年前，當她還只是一條沒什麼道行的小蛇時，出手救她一命的許仙……

來杭州必遊的「西湖十景」中，就有兩個景和白蛇傳息息相關，所以白娘子的愛情故事，幾乎也等同於西湖湖畔浪漫的代名詞。

Chapter 02

杭州的
行前準備篇

機票：一張機票玩多個城市！

以杭州為例，可以安排以下三種不同的回程地點：

1. 杭州去，杭州回。2. 杭州去，蘇州回。3. 杭州去，上海回。

你知道嗎？雖然三種回程地都不同，但機票錢卻都差不多！這代表如果假期夠，只要用一張機票錢，從杭州一路玩到蘇州，再玩到上海，最後從上海回到台灣，玩了三個城市，卻只要一張機票，輕輕鬆鬆省下另外兩張飛行機票與時間！

 絕對不能忘記的：信用卡刷機票，省接機和保險費！

你還在用現金買機票或付團費嗎？快停止這樣浪費的行為！因為用信用卡刷機票，不但享有旅遊不便險、機場免費接送，還能快速累積哩程、紅利點數，有的信用卡甚至還能減免團費！心動了嗎？那還不快打電話詢問銀行，用哪張卡刷機票最划算！

 台胞證就交給旅行社吧！

申辦護照可以自己辦理，但台胞證可不行！因為台胞證必須寄至大陸申請，所以還是請旅行社代勞吧！

- 台胞證＝護照，加簽＝簽證
- 台胞證辦一次有效期五年，加簽一次有效期3個月。
- 台胞證＋加簽＝約為1400。（2013年費用）
- 只需加簽者＝約為400台幣。（2013年費用）
- 到大陸旅遊，需有：臺灣護照、台胞證、加簽（蓋章在台胞證內），三種證件。

有順序的準備：蓋房子理論！

自助旅行的準備是不是很煩瑣累人呢？查了一大堆資料，卻不知如何著手？住宿？機票？火車票時間喬不攏，到底誰能來幫幫我呀？**其實只要把握一個大原則：**

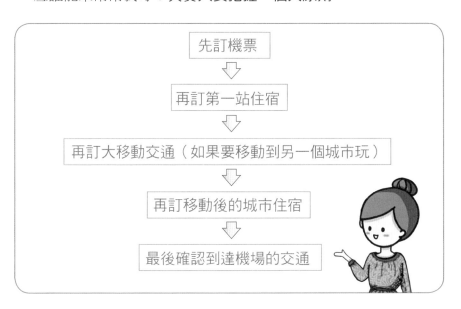

先訂機票

⬇

再訂第一站住宿

⬇

再訂大移動交通（如果要移動到另一個城市玩）

⬇

再訂移動後的城市住宿

⬇

最後確認到達機場的交通

就像蓋房子一樣，先打地基再開始砌磚，旅行準備也是一樣，資料都可以先查、先問，但一旦行程大致確定後，一定要照著這個順序來走，免得臨時發生住宿、火車票都訂好了，飛機票卻突然沒位子了。之前訂的要重來一遍不打緊，重點是有些住宿和交通是不能改票，或是需加收更改費用，這可會造成無謂的支出！

 作者實戰經驗：該帶什麼去杭州？

必備：傘具、薄外套。杭州位於亞熱帶，和臺灣的氣候相當接近，充沛的雨量以及西湖的水氣，讓這個江南城市空氣相當水潤，不似北京乾燥，不過遊玩杭州遇到下著毛毛雨的機會頗大，因此帶著輕便的傘具，或是一件帶帽的防水薄外套，既可防雨又可防寒，是遊杭州的必備之物。

 作者實戰經驗：什麼時候去杭州最好？

春天的杭州蘇堤桃紅柳綠；夏天西湖中荷花齊放；秋天桂花月下飄香；冬天西湖上賞斷橋殘雪。杭州其實是個四季皆宜的旅遊城市，不過如果想更深一層的體驗思古幽情，最適合的季節建議可在春天三、四月左右成行。

蘇堤上桃紅柳綠別有一番風光明媚的爽朗風情；另外，不怕低溫的人，在冬天一片白雪靄靄的西湖湖畔，遙想蘇東坡、白居易的優美詩句，也不失為一種風雅的遊玩方式。

Chapter 03

杭州的
遊玩快速攻略

杭州遊玩快速攻略

一個城市的「綠肺」，通常是一座公園或是一座森林，不過杭州相當特別，號稱「杭州綠肺」的是一座「溼地」！

西溪國家溼地區，是杭州近幾年新興的觀光景點之一，雖然這裡與歷史人文比較沒關係，但卻有國際建築大師打造的博物館，以及賣座電影「非誠勿擾」取景之地，加上廣大、豐富的生態園區，使得此區美景變得相當火紅，有時間的話，來這裡走走相當浪漫！

西溪國家
溼地公園

我有電影
加持！

汽車西站

杭州西湖的南面、西面都靠山，所以大部分的景點，都集中在西湖的東邊和北邊。
西湖的<u>東邊</u>有火車站、新潮餐廳、商店、購物街、老街，是很繁華、現代化的區域。
西湖的<u>北邊</u>有西湖最重要的白堤、蘇堤、斷橋、孤島等重要景點，走「古意」路線，美麗的現代聲光水上大秀——「西湖印象」，也是在這裡演出！

京杭大運河

杭州遊玩四大區

隋朝開挖的京杭大運河，現在成為杭州觀光重要的景點之一，更號稱為「中國的威尼斯」！

杭州旅遊集散中心
（黃龍體育場）

西湖市區

我第二名！

西湖

靈隱寺

我最火紅！

龍井問茶

虎跑泉

杭州火車站

錢塘江

杭州遊玩快速攻略

岳王廟
門票:25元
時間:07:30-17:30

浙江西湖美術館
門票:免費
時間:09:00-16:00
　　週一休館

蘇東坡紀念館
門票:免費
時間:08:30-16:30

中國絲綢博物館
門票:免費
時間:08:30-16:30

西湖博物館
門票:免費
時間:08:00-20:30

錢祠表忠
門票:15元
時間:08:30-16:30

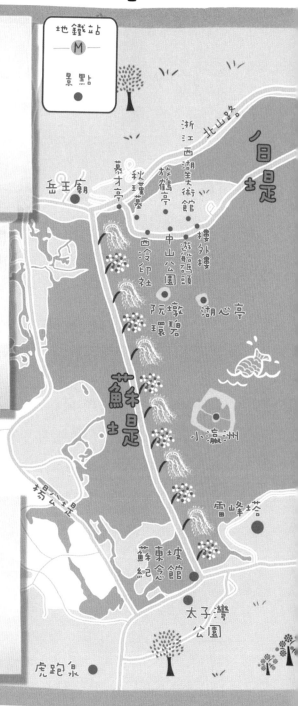

地鐵站
Ⓜ
景點
●

浙江西湖美術館
北山路
白堤
岳王廟
慕才亭
秋瑾墓
放鶴亭
樓外樓
西冷印社
中山公園
遊船碼頭
阮墩環碧
湖心亭
蘇堤
小瀛洲
楊公堤
雷峰塔
蘇東坡紀念館
太子灣公園
虎跑泉

西湖與
西湖市區

慶春路

湖濱公園

龍翔橋站 M

湖濱晴雨

一公園

西湖天地

古涌金門

錢祠表忠

西湖博物館

安定路站 M

西湖大道 M

城站 M

杭州
火車站

中國美術學院

南宋
御
街

清河坊
歷史街區

吳山天風

城隍廟

胡雪巖
故居

南山路

淨慈禪寺

萬松書院

中國絲綢
博物館

萬松書院
門票:10元
時間:07:30-17:30

胡雪巖故居
門票:20元
時間:08:00-17:00

杭州遊玩自用筆記頁

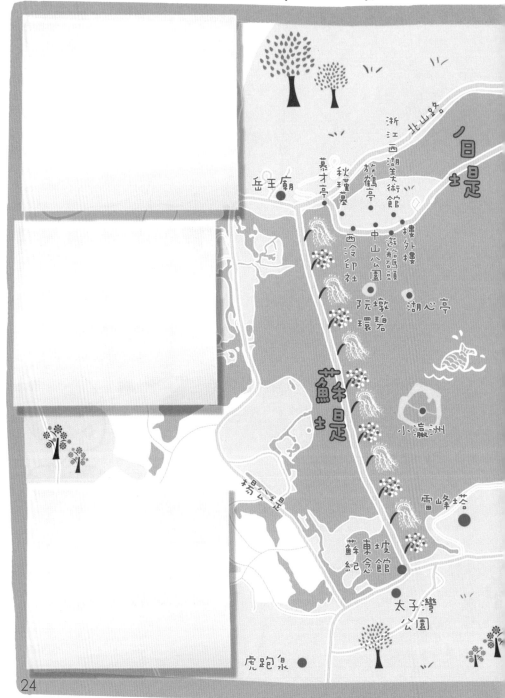

西湖與
西湖市區

湖濱公園
湖濱路
龍翔橋站 M
慶春路
湖濱晴雨
一公園
南山路
西湖天地
古淘金門
開元路
西湖大道 M
安定路站
中河高架
城站 M
杭州
火車站
中國美術學院
南宋御街
錢祠表忠
清河坊
歷史街區
西湖博物館
高銀街
步行街
吳山天風
大井巷
河坊街
城隍廟
鼓樓
胡雪巖
故居
南山路
淨慈禪寺
萬松書院
中國絲綢
博物館

杭州遊玩快速攻略

橋西
歷史街區

拱宸橋站(船)
拱宸橋
京杭大運河博物館

運河廣場

中國扇博物館
中國傘博物館

小河路

大浒街

麗水路

京杭大運河在隋朝開挖，當年勞民傷財，但運河開通後，卻大大縮減南北來往時間，有利軍事、經商。
從杭州市區可搭591號公交車至拱宸橋，或從汽車西站搭70號，或從黃龍體育中心搭23號公交車皆可以到達喔！
來到這裡，要做三件事：一在橋西歷史街區散步，感受古時風情；二走上拱宸橋，觀賞運河風情；三乘杭州「貢多拉」遊河，最實惠的選擇是搭水上巴士，武林門、信義坊、拱宸橋皆有站點，運行時間7-18時，半小時一班，每人3～5元(人民幣)相當方便！

和田升路

大關路

拱墅路

龍水路

香積寺

大兜路美食街區

半山路

信義坊步行街

信義坊站(船)

霞灣巷

勝利河美食街區

船運站

景點

京杭大運河博物館
門票:免費
時間:09:00-16:00

中國刀剪劍傘扇博物館
門票:免費
時間:09:00-16:00
　　　週一休館

橋西歷史街區
門票:免費
時間:09:00-18:00

香積寺
門票:20元
時間:07:00-17:00

信義坊步行街
門票:街道光雕免費
時間:10:30-21:00

勝利河美食街區
消費:40～80元
時間:10:30-22:00

位於京杭大運河旁的三大美食街
區:信義坊、大兜路、勝利河各
有特色!
信義坊要晚上來,延著河道漫步
欣賞「光雕藝術」,看現代燈光
將河岸點綴的美侖美煥!
大兜路除了有美食,還有新落成
的香積寺,就算不進去參觀,光
彩奪目、金光閃閃的寺廟外觀也
相當有看頭!
勝利河的美食主打「物美價廉」
,在這裡可以找到不少新鮮、平
價的美食!

吃的好
飽喔!

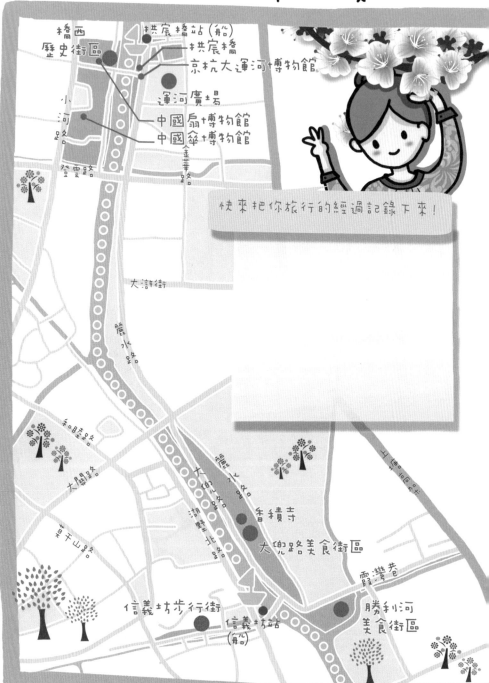

橋西
歷史街區

拱宸橋站(船)

拱宸橋

京杭大運河博物館

運河廣場

小河路

麗雲路

金華路

中國扇博物館

中國傘博物館

快來把你旅行的經過記錄下來!

大關街

麗水路

大運河

和睦路

大關路

石祥山路

香積寺

大兜路美食街區

霞灣共

信義坊步行街

信義坊站
(船)

勝利河
美食街區

京杭
大運河

去了哪些
地方呢？

杭州遊玩快速攻略

有杭州綠肺美稱的西溪溼地，近年成為觀光熱門景點，和導演馮小剛所拍攝的電影「非誠勿擾」有著極大的關係，不過欣賞此地獨特美景的可不止導演一人，遠在清朝康熙皇帝便曾造訪此地，除了對美景讚不絕口之外，還親賜御筆墨寶，寫下「竹窗」二字贈送。

來到這裡也別忘了到中國溼地博物館走走，看起來像「飛碟」的博物館，負責設計的是日本近年相當受到矚目的建築師——磯崎新，更棒的是：這裡的門票免費！

巴士號碼
及路線

BUS
102

●●●● ● ●●●●

景點

文一西路

西溪國家溼地
公園北門

文二西路

河渚街豆腐坊

杭州溼地植物園

文三西路

紫金港路

中國溼地
博物館

高庄

BUS
102

●●●●●●

電影「非誠勿擾」
拍攝景點

天目山路

杭州汽車西站

西溪度假酒店

公交車102號會一路開往西湖市區，一路經過「武林門、一公園、涌金門、錢王祠路口、清波門」等市中心站牌，相當方便！

西溪國家
溼地公園

西溪國家濕地公園

門票：生態保育園80元
時間：夏季4/1-10/31
　　　08：30-17：30
　　　冬季11/1-3/31
　　　08：30-17：00

中國濕地博物館

門票：免費，影院30元
　　　觀光塔10元
時間：週一休館
　　　週二至週日
　　　09：00-16：3

天目山路

現代博物館

黃龍體育場

想從黃龍體育場搭車到西溪
溼地國家公園，可以搭193
號公交車，一樣搭到「汽車
西站」下車即可！

西溪國家溼地
公園北門
文二西路

河渚街豆腐坊

杭州溼地植物園
文二西路

紫金港路

電影「非誠勿擾」
拍攝景點

中國溼地
高庄 博物館

BUS 102

天目山路
杭州汽車西站

西溪度假酒店

公交車102號會一路開往西湖市區，一路經過「武林門、一公園、涌金門、錢王祠路口、清波門」等市中心站牌，相當方便！

西溪國家
溼地公園

天目山路

現代博物館

黃龍體育場

想從黃龍體育場搭車到西溪
溼地國家公園，可以搭193
號公交車，一樣搭到「汽車
西站」下車即可！

杭州遊玩快速攻略

西湖三大情人橋：西泠橋、斷橋、長橋，各有一段美麗的愛情傳說。

西泠橋的故事，是有關南齊名歌妓蘇小小與青年阮郁的一段愛情。「妾乘油壁車，郎跨青驄馬，何處結同心？西泠松柏下。」

當年的情詩，對照今日的西泠橋，還有附近的蘇小小墓、慕才亭，為西湖畔更添幾分淒美！

西冷橋

大虫工橋

東浦橋

壓堤橋

望山橋

斷橋的美，除了冬季的「斷橋殘雪」之外，更美在白娘子的痴心、美在這段千年之戀！

話說一心想報恩的白娘子，與小青幻化成人形，在西湖斷橋上「巧遇」許仙，用法術變出一場大雷雨，於是白娘子與許仙借傘、一同乘船避雨，也因此展開一段亙古的浪漫愛情傳說。

西湖若沒了白娘子的痴情與傳奇，定會失色不少吧！

鎖攔橋

映波橋

蘇堤上有六座橋：
跨虹橋上觀虹、東浦橋上觀日出
壓堤橋上觀碑亭、望山橋上觀雙峰插雲
鎖瀾橋上觀小瀛洲、映波橋上觀花港觀魚
六橋擁六景，各具奇趣！

杭州的
那些橋
二.兩

斷橋

慶春路

龍翔橋站 M

湖濱公園

南山路

洗紗路

刀牛巷

開元路

安定路站

西湖大道 M

中河高架

城站 M

高銀街

南山路

長橋

南山路

長橋不長，長的是梁山伯送祝英台下山依依不捨的感情，長的是英台臨行百般暗示山伯，訂下自己終身大事的嬌羞心情。

在梁山伯與祝英台的故事中，「十八相送」一直是最精采的一段，兩人的愛情故事也從此處開始走向真相大白、生離死別的悲傷結局。

站在橋上心情很複雜，有甜蜜、有悲傷，如果在此看到成雙的蝴蝶飛舞的話，是不是就是兩人變成的呢？

35

杭州遊玩快速攻略

地鐵站
Ⓜ

景點
●

東平巷

邵芝巖筆莊

南宋御街

開元路

四代同堂塑像
合照處

安定路站
Ⓜ 西湖大道

鳳凰寺

南宋御街
遺址陳列處

鳳凰寺
門票：免費
時間：夏8-17時，
冬9-16時，每週五
有活動，延至15時
開放參觀

南宋御街

惠民路

高銀街　萬隆火腿莊

河坊步行街

王潤興酒樓

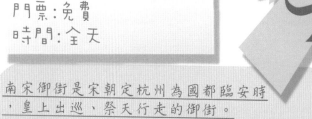

漫步
南宋御街

邵芝巖筆莊
時間:08:30-17:30
價位:10元至百元

南宋御街遺址陳列處
門票:免費
時間:全天

南宋御街是宋朝定杭州為國都臨安時
，皇上出巡、祭天行走的御街。

這條御街是一條直向、從北到南足足有四公里長的路，與
東西向的「河坊步行街」交叉成一個十字，是杭州最長、
也最古色古香的一條觀光街道。

這條路在當年是最繁華的一條街，經過近年整修後，呈現
仿古街的風貌。在「南宋御街遺址陳列處」，可以看到幾
百年來，御街地板舖設磚頭的歷史變化。

這裡店舖最特別的，就是在店前的「水溝」裡會種植漂亮
的植物及養魚，所以在這裡散步，多了幾分水鄉的愜意！

另外在街道中間有一棟特別的寺廟:鳳凰
寺，是一棟清真寺，如果穿著無袖、短
褲、短裙是不能入內參觀的喔！

杭州遊玩自用筆記頁

東平巷

邵芝巖筆莊

南宋御街

開元路

四代同堂塑像
合照處

安定路站

Ⓜ 西湖大道

鳳凰寺

南宋御街
遺址陳列處

南宋御街

惠民路

高銀街

萬隆火腿莊

河坊步行街

王潤興酒樓

少
漫
南
步
禾
温
木
禾
御
街

杭州遊玩快速攻略

知味觀
時間:10:30-21:00
價位:60-150元

太極茶道苑
時間:09:00-23:00
價位:依茶葉等級

王星記扇莊
時間:08:30-22:00
價位:20元至千元

張小泉剪刀
時間:08:30-22:00
價位:10元至百元

朱炳仁銅雕藝術博物館
時間:09:00-21:30
門票:免費

惠民路

高銀街

知味觀

保安堂

河坊步行街 →

吳山天風

高祭巷王星記扇莊

朱炳仁銅雕
藝術博物館

吳山廣場

杭州歷史博物館

杭州歷史博物館
時間:09:00-16:30
週一休
門票:免費

40

漫步
河坊街

王潤興酒樓
時間:10:00-22:00
價位:70-100元

萬隆火腿莊
時間:07:45-17:30
價位:10-1000元

南宋御街

中和高木

張小泉
剪刀　萬隆火腿莊

太極茶道苑　王潤興酒樓　胡雪巖故居

時間:08:00-17:00
門票:20元

吳山驛國際
青年旅社

胡慶餘堂
中藥博物館
大井巷

胡慶餘堂中藥博物館
時間:08:00-17:00
門票:10元

鼓樓

十五奎巷

望三路

胡雪巖故居

41

杭州遊玩自用筆記頁

惠民路

高銀街

知味觀

河坊步行街 ➡ 保安堂

吳山天風

高鬃巷王星記扇莊

朱炳仁銅雕
藝術博物館

吳山廣場

杭州歷史博物館

漫步河坊街

南宋御街

中和高架

張小泉剪刀

萬隆火腿莊

太極茶道苑

王潤興酒樓

吳山驛國際青年旅社

胡慶餘堂中藥博物館

大井巷

鼓樓

十五奎巷

七夕江路

胡雪巖故居

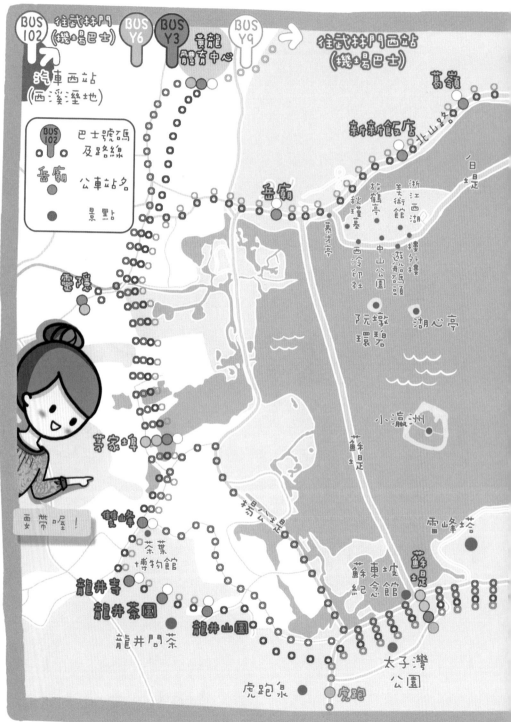

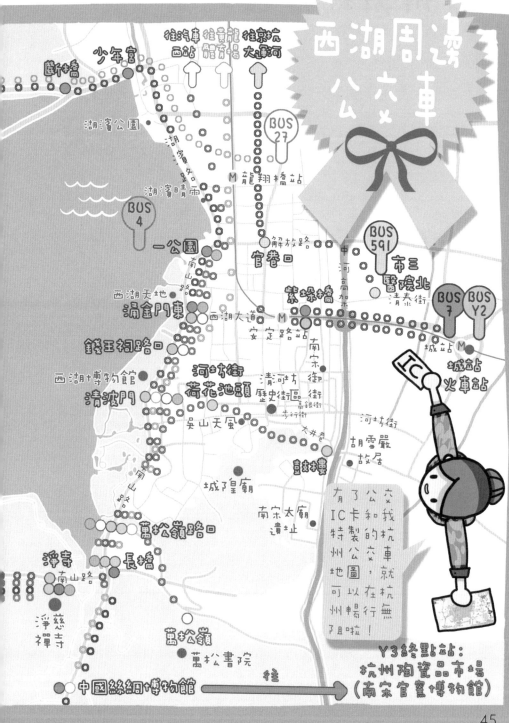

西湖周邊公交車

45

杭州遊玩快速攻略

辦一張杭州公交IC卡(Z卡)，不止可以省去搭公交車準備零錢的困擾(車上不找零)，還可以拿來騎乘杭州的公共自行車。西湖很大，想用走的繞行一周，需有相當了得的「腿力」，想輕鬆一點的話，就租輛自行車吧!更何況杭州的公共自行車，前一個小時騎乘**免費**喔!

地鐵站
Ⓜ

自行車
借車站點
●

岳王廟 ●

平湖秋月

北山路

曲院風荷北

阮墩環碧

湖心亭

小瀛洲

杭州公交IC卡(z卡)

辦卡需要:
台胞證、保證金200元)
預付金100元人民幣

服務亭營業至17:00時

花港西門

 蘇堤南口

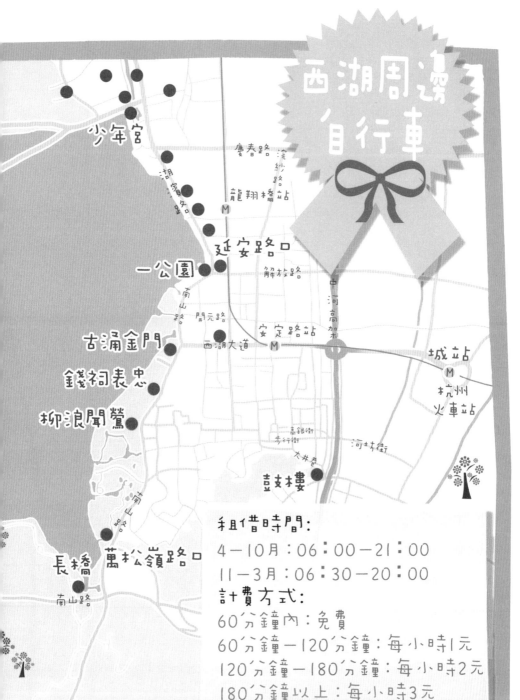

西湖周邊 自行車

少年宮

慶春路

龍翔橋

延安路口

一公園

古涌金門

錢祠表忠

柳浪聞鶯

解放路

開元路

安定路站 M

西湖大道

中河高架

城站 M

杭州 火車站

高銀街

步行街

河坊街

大井巷

吳山 廣

長橋 萬松嶺路口

南山路

南山路

租借時間:
4—10月:06:00—21:00
11—3月:06:30—20:00
計費方式:
60分鐘內:免費
60分鐘—120分鐘:每小時1元
120分鐘—180分鐘:每小時2元
180分鐘以上:每小時3元
(不足一小時以一小時計)

47

可以嘗試在此處黏上
自己去旅遊所拍攝的照片
並寫下當時難忘的記憶

隨手小品：

可以嘗試在此處黏上
自己去旅遊所拍攝的照片
並寫下當時難忘的記憶

隨手小品：

可以嘗試在此處黏上
自己去旅遊所拍攝的照片
並寫下當時難忘的記憶

隨手小品：

可以嘗試在此處黏上
自己去旅遊所拍攝的照片
並寫下當時難忘的記憶

隨手小品：

可以嘗試在此處黏上
自己去旅遊所拍攝的照片
並寫下當時難忘的記憶

隨手小品：

Chapter 04

西湖十景

西湖十景 ✓ 打勾頁

三潭印月
門票:45元(含船、門票)
島上遊覽時間不限

南屏晚鐘(淨慈禪寺)
門票:10元
時間:07:30-18:30

雙峰插雲 □

曲院風荷 □

平湖秋月 □

蘇堤春曉 □

三潭印月 □

花港觀魚 □

雷峰夕照 □

雷峰塔
門票:40元
時間:
夏季3月15日-11月15日
　　08:00-20:30
冬季11月16日-3月14日
　　08:00-17:30

北山路

西湖十景每一個景點都有一個石碑，上面題有十個景色的名字。除了找石碑，別忘了用心體會西湖十景的美麗景色！

怕有「遺珠之憾」的話，每到一個景點，別忘了用我白娘子特製的法寶「打勾頁」，把到過的景點打勾，如此一來，就不怕有漏網之魚！

□ 斷橋殘雪

湖濱路

南山路

開元路

西湖大道

看我變～～

柳浪聞鶯 □

南山路
□ 南屏晚鐘

▶▶▶ 斷橋殘雪

星等評價：

就是熱愛自然：★★★★★
我愛大藝術家：★★★★★
只有這裡才有：★★★★★
婆婆媽媽按讚：★★★★★

 由來介紹

　　白堤的開端，也是通往孤山前的第一景：斷橋殘雪，曾讓詩人汪珂玉說：「晴湖不如雨湖，雨湖不如月湖，月湖不如雪湖。」令人不禁真正好奇，雪天下的西湖，該是多麼美麗的景像？

　　人們都戲稱西湖「長橋不長、斷橋不斷、孤山不孤」。斷橋之所以稱為「斷橋」，是因為古時斷橋上，還有一道門，門上有屋簷，冬天的時候，大雪漫飛，有屋簷的範圍，橋身還能顯露出來，但沒有屋簷遮蔽的地方，白雪與湖面融為一體，遠遠的看就像橋斷了一樣。

　　如今的斷橋是於1921年重建的，為單孔拱形石橋，上面並未建門，不過冬日來斷橋賞雪，已經成了遊客們心中的一種嚮往。

 隨身導遊

當年白娘子和小青幻化為人形，到西湖遊玩，和許仙「巧遇借傘」的愛情故事開端，就是發生在西湖的斷橋上喔！

白娘子為了報答許仙的恩情，經過千年的修鍊，來到人間，用法術讓天降大雨，為了躲雨，與許仙共撐傘、同乘船，進而相戀，開啟了美麗的愛情傳奇故事，也為西湖斷橋增添幾分浪漫情懷。

貼心便利貼

以「少年宮」公交車站為起點，就可以輕鬆步行到達「斷橋殘雪」和白堤入口。

 旅遊玩家

開放時間	戶外全天
門票資訊	免費
交通資訊	7、52（外環）、J4至斷橋站

西湖的橋多，故事也多

誰•會•說 YES！

白娘子和許仙的愛情故事好浪漫喔！

如此附庸風雅的地方，怎可輕易錯過！

如此美麗的地方，帶上咱們大觀園裡那一票姊姊妹妹們來此吟詩作對，又不用花銀子，真是太划算了！

修鍊千年的白娘子曾經在這裡出現？真想向她請教長生不老的法術！

美食達人楊貴妃　　勤學君王李世民　　精打細算王熙鳳　　聲勢浩大秦始皇

▶▶▶ 平湖秋月

星等評價：

就是熱愛自然：★★★★★
我愛大藝術家：★★★
只有這裡才有：★★★★★
婆婆媽媽按讚：★★★★★

 由來介紹

西湖湖面平靜無波，如同一面澄鏡，這樣澄澈的湖水，在滿月時分，倒映著一輪明月，視覺上呈現出2輪亮燦燦的亮圓，看久了，有幾分可愛貓咪張大雙眼時發萌的表情，十分有趣又令人喜歡。

早先開始，平湖秋月並無特定的地點，後來在白堤與孤山之間，有處平台一面靠山、三面環水，視野極佳，被喻為西湖最佳賞月地點，也因此「平湖秋月」才有一個固定的賞月處。

平湖秋月是月圓之石
賞「月湖」的最佳地黑

隨身導遊

　　康熙年間，此平台上建了御書樓，樓上還有康熙帝親手書寫的「平湖秋月」墨寶，這個觀月平台，在清末民初時，還曾是猶太富裕商人的宅邸呢！

貼心便利貼

在平湖秋月樓裡，可以稍作休息，叫壺茶，好好欣賞一下西湖美景，若是在滿月時分前來，就更能貼近古人的閒情了。

—— 誰•會•說 YES! ——

賞月、品茗，真是浪漫的行程！

秦始皇老前輩，大自然的日升月落絕非人造景可以比擬，變化萬千的自然美景，才是人生塊寶。

賞賞月湖也挺詩情畫意的！

寡人的地下宮殿裡用成千上萬顆明珠佈置成的星空，還有水銀做成的大河！何必跑到這裡人擠人。

美食達人楊貴妃　勤學君王李世民　精打細算王熙鳳　聲勢浩大秦始皇

 旅遊玩家

開放時間	戶外全天
門票資訊	免費
交通資訊	7、27、52（外環）、Y10、J4至岳廟站

▶▶▶ 曲院風荷

星等評價：

就是熱愛自然：★★★★

我愛大藝術家：★★

只有這裡才有：★★★

婆婆媽媽按讚：★★★

 由來介紹

「曲院風荷」一名原為「麴院荷風」。在南宋時期，每到夏日，湖面開滿荷花，湖邊酒坊又傳來陣陣製酒的酒麴香，酒香加荷香，造就了「麴院荷風」的美名。

但是到了清朝康熙皇南巡時，酒坊早已不在，雖然仍有荷花，但兩香少了一香，因此康熙皇帝親筆御題「曲院風荷」，從此定下此景名號。

 隨身導遊

最適合到「曲院風荷」賞玩的季節為夏天，在曲曲折折的通道上，兩旁遍佈嬌豔的荷花，花香撲鼻而來，瞬間全身、心靈都襲上一層荷花的典雅淡香。

曲院風荷

貼心便利貼

近年來，曲院風荷附近重新置入了「酒文化」於此，不但可以了解古人製酒方法，還能現場小酌，不過當然是得自付酒水費用。

 旅遊玩家

開放時間	戶外全天
門票資訊	免費
交通資訊	7、27、52（外環）、Y10至岳廟站

在水面曲橋上賞荷，真是風雅極了！

酒不醉人人自醉，有了荷花香，哪還需要酒香呢！

滿湖子的荷花荷葉真是壯觀哪！

寡人地下宮殿好歸好，但偏偏就是少了活的植物！

美食達人楊貴妃

勤學君王李世民

精打細算王熙鳳

聲勢浩大秦始皇

60 曲院風荷是夏天觀賞滿湖荷花的名勝之地。

曲院風荷旁有處酒坊，一邊小酌幾杯一邊賞荷，酒不醉人人自醉！

▶▶▶ 雙峰插雲

星等評價：

就是熱愛自然：★★★★★

我愛大藝術家：★★★

只有這裡才有：★★★★

婆婆媽媽按讚：★★★

 由來介紹

雙峰指的是杭州北高峰、南高峰兩座山，其實這兩座山都不高，分別為314、254公尺，但因為周圍的群山低緩，因此這兩座山的山峰，才顯得特別突出。

 隨身導遊

想看雙峰插雲得碰碰運氣！據當地人指出，夏季時節，遠處山雨欲來之勢，使得雲霧繚繞於雙峰周遭，而雙峰的峰頂又突出於雲霧之上，遠眺就像雙峰直直插入翻騰洶湧的猛雲之中，氣魄動人，康熙皇帝有幸碰上一回，大為讚嘆，親題「雙峰插雲」石碑，立於洪春橋旁的碑亭中！

堤上的望山橋是觀賞雙峰插雲的好地點。

人家最怕大
雷雨了！

此情此景可遇不可求，
我還是將等待的時間，
趕緊拿去多參觀幾
個博物館。

我可不想
淋成落湯雞。

氣勢磅礡到可以打動
康熙那老小子，那我
怎麼可以錯過！

 NO!

 NO!

 NO! YES!

美食達人楊貴妃　　　勤學君王李世民　　　精打細算王熙鳳　　　聲勢浩大秦始皇

 旅遊玩家

開放時間	戶外全天
門票資訊	免費
交通資訊	7、Y3、Y6、J4至洪春橋站

貼心便利貼

想上雙峰的話，目前有纜車可以搭乘上山！但如果想和康熙皇帝一樣觀賞美景的話，就得在西湖邊上碰碰運氣囉！

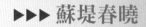

▶▶▶ 蘇堤春曉

星等評價：

就是熱愛自然：★★★★★

我愛大藝術家：★★★★★

只有這裡才有：★★★★★

婆婆媽媽按讚：★★★★★

 由來介紹

「西湖景緻六條橋，一株楊柳一株桃」。

蘇堤是蘇軾在杭州當官時，用疏浚西湖所得的淤泥所築的一條堤，這「一條堤」是由「六條橋」組成的，由北向南依次為：跨虹橋、東浦橋、壓堤橋、望山橋、鎖欄橋、映波橋。

跨虹橋上觀虹、東浦橋上觀日出、壓堤橋上觀碑亭、望山橋上觀雙峰插雲、鎖瀾橋上觀小瀛洲、映波橋上觀花港觀魚；六橋擁六景，真是一條千變萬化的橋。

最早的「蘇堤春曉」指的是在清晨時分，天色未亮，盪漾在湖中，煙渺水氣薄霧中的蘇堤，有如一幅清冽冽、寫意至極的山水畫，不但被推為西湖十景之首，到了元代，還以「六橋煙柳」之名，列入錢塘十景。

不過後來人在岸邊間隔著種上一株柳、一株桃，等到春天來臨時，一綠一紅、相映成趣，倒映湖水面上，剎是美麗。所以「蘇堤春曉」的春，又多了一層春天的意思。

 隨身導遊

關於蘇堤上為什麼種一株桃樹、一株柳樹，有著這樣一個傳說。相傳以前的西湖，雖然湖中開滿荷花，但在西湖四周，卻是荒草漫漫，這時候的西湖別說樹和花了，就是一片綠油油的草地，都強過當時的西湖。

有一天，天上突然下了大冰雹，不但把湖中的荷葉打的七零八落，更怪的是，原本清澄碧綠的湖水，居然從此變的黑呼呼一片，還不斷散發令人噁心至極的惡臭。因為湖水的變化，使得村莊裡的人都不能捕魚、採藕、種稻，每個人都愁眉苦臉，因為糧食就快吃完了，再這樣下去，恐怕全村的人都會餓死。

在湖邊的小村莊裡，住著一對姊妹，姊姊叫小柳，妹妹叫小桃，有天晚上，兩姊妹聽到從湖心傳來陣陣水聲，兩人偷偷躲在湖邊的大石後偷看，只見在月光下，兩個黑泥般污濁的人影在湖中戲水，就這樣一直到天快亮了，兩人才沉入烏黑的湖底不見。

兩姊妹將這件事告訴村裡的老人家，一位老爺爺說了：「曾聽人說過，某縣的河川中，住著一對千年魚妖，這對魚妖一公一母，全身發黑，常常出來做亂，百姓們常常不得安生，想要除去這對魚妖，只有一個辦法……」

全村莊的人都緊張的問老人家，什麼辦法才能將這對魚妖除去？

老人家說：「這對魚妖因已修練千年，因此身上的魚鱗堅硬的像鋼鐵盔甲一樣，所以要對付牠們，必須先煉出一對雌雄寶劍，要煉這對寶劍，必須用千斤鐵、萬斤柴，燒得爐火成藍、鐵水成青，而且在煉成的那一剎那，寶劍會從爐裡往天上飛，這時必須有人得即時握住寶劍，否則寶劍一旦飛入雲端，就再也找不著了。」

雖然要煉寶劍非常困難，但不這樣做的話，全村人就得活活餓死，於是村裡的人們同心協力，把家裡的破銅爛鐵、

鍋碗瓢盆全拿出來煉劍，但還是湊不到千斤。小柳跟小桃看著大夥愁苦的臉，兩人飛奔回家，將家裡煮飯用的大鐵爐抬到村裡，村民看到兩姐妹這樣的決心，被她們打動，也都回家拆鐵爐，無論家裡、船上、工作房，只要是鐵的，大家全拆了猛往村裡送。

因為每個人無私的奉獻，千斤鐵終於湊足了，老人家喚人留下兩只鐵鍋，眾人輪流在村中燒飯供大家食用，另外砍柴的工具也得留下，全村總動員，無論男女老少，人人都上山砍柴供煉製寶劍的爐火燒用。而老人家和小柳小桃，則不分日夜，看顧爐火。

在爐火燒製七七四十九天之後，一對雌雄寶劍如老人家所說，從燒得藍亮亮的爐火中，一飛衝天、直奔天際，小柳和小桃一看機不可失，兩人當場飛身握住劍柄。寶劍已成，接下來，只需靜待殺妖時機。

這天是個月圓之夜，小柳、小桃躲在岸邊大石後面，不久，湖心果然再次傳來嘩啦啦的戲水聲，伴隨著水聲的，是掀起陣陣波浪的惡臭。

小柳、小桃提起寶劍，飛身向魚妖刺去，可惜未傷及要害，魚妖受了傷，驚慌的潛入黑水中，沒想到一回神，魚妖

瞬間變大兩倍，往岸邊的村民怒吼而去。小柳小桃握緊寶劍，拚命往魚妖身上砍劈，那魚妖的鱗片真如老人所說，硬如盔甲，剎時寶劍與魚鱗互相砥砍、殺出火星片片。

但小柳、小桃畢竟是兩個女孩子，並非練武的壯漢，幾番激戰下來體力早已不支，可是不將魚妖除去，村裡人是沒有活路的。兩姊妹互望了對方一眼，舉起寶劍，趁著魚妖張嘴怒吼之際，兩人奮不顧身、朝魚妖的血盆大口裡縱身一躍……

劍刺進魚妖的喉嚨深處，魚妖痛的在地上打滾，然後漸漸變小、變小，原本堅硬的魚鱗也像枯萎的花瓣一樣，一片片無力掉落，最後停止在地上痛苦扭動，死在西湖岸邊上。

魚妖除了，但英勇的小柳小桃也不在了，村民剖開魚妖的肚子，將兩人的屍體挖出，埋於西湖岸邊，沒想到來年時，埋著兩人屍體的地方，居然長出了一株青綠綠的柳樹，和一株紅豔豔的桃樹。此後，村民們為了紀念這對英勇的姊妹，於是在岸邊大量栽種了一株柳樹、一株桃樹，而且是一株隔著一株栽種，成了今日一株楊柳一株桃的美「蘇堤春曉」。

如果有機會在春天到來西湖邊，別忘多看幾眼隔著種的柳樹桃樹，這可是為了紀念一對英勇的小姊妹呢！

於蘇堤南邊的蘇東坡紀念館。

堤全長2.8公里，是用當年疏浚西湖的淤泥所築而成，
物利用，工程材料費省了大半！

雕刻家完全表現出蘇東坡瀟灑無畏的一面。

貼心便利貼

在蘇堤尾端，也就是西湖的南邊，有一座蘇東坡紀念館，門口可見一尊英姿颯爽的蘇東坡雕像。兩度出任杭州縣令的大詩人，與杭州的緣份真是相當深厚，他為杭州留下的，不止是有形的蘇堤、美食、詩詞，更多的是為杭州增添一股無形的詩意與美麗。

 旅遊玩家

開放時間	蘇東坡紀念館：08：30～16：30
門票資訊	免費
交通資訊	蘇堤南邊（蘇東坡紀念館）：4、52(外環) Y2 、Y3、Y6 至蘇堤站；蘇堤北邊：7至岳廟站

蘇堤六橋的跨虹橋賞虹是最佳去處

誰•會•說 YES！

桃紅柳綠，
風景真是迷人！

既是詩人、文
豪、政治家，還
會煮美食！這種
人才我應該多跟
他聊聊才對！

既然他能將杭州治
理的這麼好，應該
多向他學幾招，好
用來治理咱們家的
生計。

這傢伙要是在我的
朝代，我一定會好
好的重用他，來為
我的豪華宮殿打造
華麗的長堤！

美食達人楊貴妃　　勤學君王李世民　　精打細算王熙鳳　　聲勢浩大秦始皇

 省•錢•靈•籤

　　蘇堤相當長，不想用走路的人可以利用杭州公共自行
車，在蘇堤的前後都有自行車的租借點，不過蘇堤上有六
座橋，上上下下相當耗費體力。另外帶一點飲食和水，走
累了，在路旁一邊休息一邊賞景，是個不錯的選擇。

71

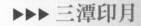

▶▶▶ 三潭印月

星等評價：

就是熱愛自然：★★★★★

我愛大藝術家：★★★★

只有這裡才有：★★★★★

婆婆媽媽按讚：★★★★

 由來介紹

西湖中的「三潭」，指的是三座小石塔，最初的石塔是由蘇軾所建，功能類似今日的海中浮標，擁有「記號」的功能，在這三座石塔之內，不准養菱。

不過後來三座石塔因為疏浚而被掘走，如今我們看到的石塔，是在明朝萬曆年間重修的。

湖中央的小瀛洲是被喻為「湖中有島、島中有湖」的「湖中仙山」。不過，雖然名為仙山，但其實小瀛洲是一座完全由人工建造的「人工島」，呈「田」字型，東西向用土堤相連，南北向用曲橋相連。

　　小瀛洲「填海造島」工程始於五代吳越時期，不過用曲橋和土堤將小島們連接起來，形成今天的完整樣貌，得歸功於清代的浙江總督李衛。而小瀛洲也算是江南山水園林中，最為「極緻」的一個作品，在山水美景中，再建美景山水，充滿創意巧思，也是前衛大膽的設計。

隨身導遊

　　三座小小石塔立在湖面中央，像不像是一只香爐倒扣於水面之下，只露出小小、尖尖的三只香爐腳呢？

　　三座小石塔的傳說便是這樣來的。有一天，擁有巧奪天工的雕刻手藝師──魯班，和他的妹妹來到了杭州定居，這對兄妹的手藝相當精彩，因此沒有多久，許多人人便紛紛前來拜師。

　　有一天，一條黑魚精鑽到了西湖底作亂，把湖水搞的又黑又臭，還讓整個杭州城不斷暴雨，村民們和魯班兄妹，為了躲避淹水，紛紛爬上寶石山。沒想到這隻黑魚精居然看上了魯班妹妹，想娶她做新娘，還威脅魯班，如果不將妹妹嫁給他，便要讓整個杭州村民葬身於水災之中。

魯班妹妹情急之下，心生一計，她告訴黑魚精，要她嫁給牠可以，但得給她哥哥時間辦嫁妝，因為她的嫁妝是一只大香爐，有多大呢？得把整座山頂給削去大半，才能做成這個大香爐。可如今水漫山頭，要她哥哥如何雕香爐呢？

　　黑魚精一聽新娘子願意嫁，樂壞了，連忙把嘴一張、水一吸，原本淹滿杭州的水患，一下子全退了下去。於是，魯班率著他的一干徒弟，不眠不休的雕成這個大香爐，香爐底有三個精巧的葫蘆腳，每支腳上還有五個透光的圓洞。

　　但問題又來了！這香爐這麼大，該怎麼搬下山呢？魯班告訴黑魚精：「要是嫁妝搬不下去，那他妹妹也不能嫁！」黑魚精得意的說：「這種小事就交給他，只要他用力一吸，這小小的石香爐還不怕乖乖跟著他走？」說時遲那時快，黑魚精一吸，石香爐周圍的風力便將香爐推動，黑魚精一面跑一面吸，那香爐竟跟著他，一路往山下的西湖滾下去。

三潭印月的傳說，讓人不禁眼想湖面下，是不是真是一個香爐呢？

到了湖邊，那黑魚精化為原形，一骨碌的游進西湖底下，而那石香爐到了西湖岸邊，一個撞擊『哐啷』，香爐以倒扣之姿，緩緩沉入湖底，將黑魚精罩個正著，不留一絲縫隙。黑魚往上頂，無奈香爐太沉重，牠愈是掙扎，湖底的爛泥就讓香爐沉的愈深，最後，只剩下三個香爐腳，留在湖面上。作亂的黑魚精，被困在大大的石香爐中，再也不能出來作亂！

貼心便利貼

每到中秋節，杭州人便在湖中的三座石塔中，點上蠟蠋、糊上五色紙，於是當燭光倒映在水中時，便成了「天上月一輪，湖中影成三」的有趣畫面，有興趣的人，不妨在中秋節時分前來西湖一遊。

 省 ・ 錢 ・ 靈 ・ 籤

搭船遊湖的話，回程可選不同的碼頭上岸，事先規劃好路線，可以省下不少時間與體力喔！

想登上湖中小島近距離欣賞三潭印月的話
得乘小船

層層疊疊的綠葉與柳枝，讓湖中小島有一種「猶抱琵琶半遮面」的矇矓美感。

誰•會•說 YES！

湖中賞月、月中賞湖，果真是詩情畫意。

如此獨特的技術，不好好實地考察觀摩實在是太可惜了！

在蘇堤上的鎖瀾橋上，聽說就能大略欣賞小瀛洲，何必乘船多此一舉呢！

什麼杜拜嘛，咱們可是五代時期就填海造陸了呢！

美食達人楊貴妃　｜　勤學君王李世民　｜　精打細算王熙鳳　｜　聲勢浩大秦始皇

 旅遊玩家

開放時間	戶外全天
門票資訊	遊船含門票45元（含船票25元、島上門票20元，島上遊覽不限時間，回程可自選下列碼頭登岸：湖濱公園碼頭、花港觀魚碼頭、中山公園碼頭、岳廟碼頭）
交通資訊	蘇堤南邊：4、52（外環）Y2 、Y3、Y6 至蘇堤站；蘇堤北邊：7至岳廟站

▶▶▶ 花港觀魚

星等評價：

就是熱愛自然：★★★★

我愛大藝術家：★★★

只有這裡才有：★★★

婆婆媽媽按讚：★★★★

 由來介紹

南宋定都於杭州時，這裡是皇家內侍盧允升的宅邸，又稱盧園。

盧園地理位置得天獨厚，有一清溪流入盧園再入西湖，因此在盧園裡引活水入園，養出的金魚又大又紅，在幽幽綠水中，眾遊客紛紛追逐水中紅艷金燦的魚兒！

除了魚池，園中還有廣大的牡丹園，令人強烈感受到南方庭園悠閒的一面。

隨身導遊

　　蘇東坡曾道：「我識南屏金鯽魚。」，是杭州有關金魚最早的文字。其實金魚就是我們今日所說的錦鯉。

　　這段文字也證明了中國人喜愛金魚，最先是從杭州開始，風靡全國，最大的功臣首推南宋高宗，因為他退休之後，在皇家園林中，專設一池為飼養錦鯉，市井鄉民一時蔚為風潮，家家戶戶也紛紛養起了錦鯉。

　　不過也有人說江南水鄉的溫柔悠閒，使得皇族玩物喪志，導至國力愈發疲弱，最終喪國，歷史誰是誰非，見人見志。

花港觀魚悠然自得的情趣，讓康熙皇帝也不禁留連忘返。

花港觀魚處位於蘇堤南邊，路過可不要錯過

貼心便利貼

在園內可以購買小包飼料餵魚，或是準備一小袋麵包屑，只要將食餌一投下，錦鯉便會爭相出現，紅色通透的魚身，悠遊在碧綠的湖水之中，煞是美麗，難怪古時文人雅士對錦鯉驚為天人，就像現代人養紅貴賓，開蛋塔店一樣有著異曲同工之妙。

───── 誰•會•說 YES！ ─────

看看是可以，要
是為此玩物喪
志，魏徵又要嘮
叨了！

紅色的錦鯉還
真是漂亮呢！

反正不用錢，
就看看嘍！

這個東西咱們那個
朝代可還沒有呢！

（美食達人楊貴妃）　（勤學君王李世民）　（精打細算王熙鳳）　（聲勢浩大秦始皇）

 旅遊玩家

開放時間	戶外全天
門票資訊	免費
交通資訊	花港接近蘇堤南邊：4、52（外環）Y2、Y3、Y6 至蘇堤站

星等評價：

就是熱愛自然：★★★

我愛大藝術家：★★★

只有這裡才有：★★★★

婆婆媽媽按讚：★★★

 由來介紹

　　雷峰塔原建於西元975年，是吳越王為了慶祝黃妃為他誕下一子，下令建造慶祝祈福之用。塔於明朝嘉靖年間，因倭寇入侵之戰，遭到焚毀，只留下塔座基石。

　　2000年杭州市政府為了「西湖十景」的完整性，因此決定重新建造雷峰塔，所以現在我們看到的雷峰塔是2002年所興建完成的塔樓，內部還有電梯呢！

 隨身導遊

　　白蛇傳裡面，法海和尚將許仙困於寺中，白娘娘為了搶回許仙，與法海大鬥法術，施法讓錢塘江水倒灌、水漫金山寺，生靈塗炭，因此最後被法海收於缽中，鎮壓於雷鋒塔下贖罪修行。

貼心便利貼

登塔除了臨高遙望西湖與周圍群山、夕陽，在塔中二樓的展覽館中，更有刻畫白娘子與許仙的浪漫愛情故事雕塑，千萬別錯過！

遠的觀望雷峰塔，
像白娘子就被壓在塔下，
西湖添了幾分淒美。

83

白娘子好可憐喔，我要去探望她。

真正的古塔已毀，實在不忍看只殘留塔座的悲傷歷史。

與其看一座塔，還不如來看我的軍隊。

美食達人楊貴妃　　勤學君王李世民　　精打細算王熙鳳　　聲勢浩大秦始皇

 旅遊玩家

開放時間	夏季 （3月15日～11月15日）08：00～20：30 冬季 （11月16日～3月14日）08：00～17：30
門票資訊	40元
交通資訊	4、52（外環）、Y2、Y3、Y6至淨寺站

星等評價：

就是熱愛自然：★★★★

我愛大藝術家：★★★

只有這裡才有：★★★

婆婆媽媽按讚：★★★

 由來介紹

　　「南屏晚鐘」位於淨慈禪寺中，也是杭州著名的古寺廟之一，它的名氣不小，在南宋時有一個「五山十剎」的排行榜，淨慈禪寺不但位於第五名，更是西湖「四大叢林」之一！

 隨身導遊

　　北宋末年的名畫家──張擇端畫「南屏晚鐘圖」，使得此景成為西湖最早確立的景色之一。每當寺中敲響大鐘，鐘聲迴盪山谷間，透過山石做為屏障，加大聲波共鳴，因而鐘

聲能傳遍整個西湖，餘音不絕，悠悠靜靜的迴響整個杭州城內，因此聽起來格外空靈、充滿佛性。所以南屏晚鐘也是十景之中，同時「有聲有色」的景致之一。

旅遊玩家

貼心便利貼

遊客可以排隊敲鐘，讓祈福的鐘聲迴盪於西湖的山谷間，不過需收取部分費用。

開放時間	07：30～18：30
門票資訊	10元
交通資訊	4、52（外環）、Y2、Y3、Y6至淨寺站

—— 誰•會•說 YES！ ——

我要去敲鐘、我要去敲鐘！

在西湖湖畔感受悠揚莊嚴的鐘聲，才是此景最妙之處。

南屏晚鐘應該是用「聽」的，而不是「看」的！

YES!　　NO!　　NO!　　NO!

（美食達人楊貴妃）（勤學君王李世民）（精打細算王熙鳳）（聲勢浩大秦始皇）

星等評價：

就是熱愛自然：★★★★★

我愛大藝術家：★★★★

只有這裡才有：★★★★

婆婆媽媽按讚：★★★★

 由來介紹

定都於杭州的南宋時期，宋孝宗為了宋高宗而建的御花園，就位於今日的「柳浪聞鶯」處，當時這裡稱作「聚景園」。

在聚景園裡，遍植了各種柳樹於湖畔，除了常見的垂柳，還有醉柳、獅柳等等，與後來北京的頤和園頗為相似。

湖風吹來，柳樹成浪，又因柳樹而招來許多黃鶯鳥棲息，柳與鶯便相映成趣合而為一，成為西湖十景中的「柳浪聞鶯」。

相傳西湖原只有九景，身為第十景的「柳浪聞鶯」是最後定下的，而且還有個傳說。

相傳這裡原有戶母子，相依為命，兒子名為柳浪，織的一手好錦，為人老實，可惜手藝雖好，但因貧苦，所以僅管年紀不小，卻娶不到媳婦。他不願母親為他擔憂，所以有什麼煩惱的事，只能夜夜向柳樹上的黃鶯傾訴。

某天，一位妙齡的嬌俏姑娘，穿著一身鵝黃衣衫，害羞的躲在門外看著門內的柳浪織錦，被柳母撞見，柳母看這女孩漂亮，又一副含情脈脈的看著兒子柳浪，當下心中便有了好主意。

果然，郎有情妹有意，這門親事很快就談定，柳浪開心的合不攏嘴，不過正當開心之際，禍卻從天而降。

原來，柳浪之前交了一匹名為「西湖九景」的錦鍛給王府，當年正好是皇上的六十大壽，為了慶賀皇上的壽誕，王府打算將柳浪織的錦上供於皇上，但王爺說了：「九字不到頭，不能慶賀皇上的萬壽，叫這人織一個西湖十景來，而且這個第十景，還得有聲有色才好。」

良聞鶯公園下的座椅在等著誰來賞景呢？

這可苦了柳浪，織錦「有色」容易，可要「有聲」還真難倒了他。黃衣姑娘瞧柳浪一臉苦惱，問了原由後，叫柳浪別擔心，這第十景就交給她。

　　到了半夜，黃衣姑娘先在錦鍛上織了一條楊柳，再拔下自己身上的黃色羽毛，原來這黃衣姑娘，是柳浪夜夜傾訴心事的黃鶯鳥變成的！

　　到了早上，柳浪焦急的將黃衣姑娘交給他的錦鍛攤開一看，成排的柳樹、紅色的祠堂，這不是自家門前的風景嗎？怎麼能算是西湖十景呢？而且有聲有色又在哪裡呢？

柳浪聞鶯公園地上每個石雕圖案都不一樣，相當值得細看！

柳浪聞鶯公園入口處地上有著大大的精美石雕

90

　　黃衣姑娘說：「自家風景怎麼了？怎麼就不能成第十景了？柳樹翻波成浪，不就有色了，而站在柳樹枝頭的點點黃鶯，你仔細聽，是不是有黃鶯鳥的婉轉歌聲？這不就有聲了？」

　　柳浪一聽，果真有美妙動人的鳥叫聲，於是歡歡喜喜的趕緊將錦鍛送往王府，王爺一看到這錦鍛居然還有鳥鳴聲，歡喜的不得了，賞了柳浪一個大元寶。

　　柳浪拿了大元寶後，便和黃衣姑娘辦了熱鬧的婚禮，開心的結婚。而從此，西湖的第十景──「柳浪聞鶯」之名，也不徑而走。

貼心便利貼

曾為御花園的公園裡，腳下石子路上，每個圖案都是不同的吉祥圖騰，相當精美，可別忘了欣賞！

 旅遊玩家

開放時間	戶外全天
門票資訊	免費
交通資訊	4、42、 102、Y2至錢王祠路口站

人家最喜歡
愛情故事了！

想我當初也在宮中養過一隻
會唱歌的美麗鳥兒，結果魏
徵一來，害我緊張的將鳥藏
在袖口裡，等他走了，鳥
兒卻悶死了，想想我只是養
「一隻」鳥，就養的膽顫心
驚，這裡居然有「成群」的
黃鶯，不來實在太可惜！

咱們大觀園可比這
裡精緻多了，不過
這裡晚上有咱們大
觀園裡沒有的霓虹
燈，晚上來這散步
也不錯。

美食達人楊貴妃　　勤學君王李世民　　精打細算王熙鳳　　聲勢浩大秦始皇

Chapter 05

西湖東邊
遊玩景點

星等評價：

就是熱愛自然：★★
我愛大藝術家：★★★
只有這裡才有：★★★★★
婆婆媽媽按讚：★★★★★

 由來介紹

中國自古便是茶鄉，其中杭州氣候適宜，許多上等好茶如：龍井、碧螺春等茶葉，更以西湖堪稱一絕。

有茶葉，當然就有喝茶的文化，北京人喜歡一邊喝茶一邊看戲，配上一點小點心，但杭州人則是喜歡「喝茶吃到飽」！

杭州茶樓的消費方式相當特別，點一杯茶，自助吧台上的鹹食、甜食、水果、點心就能任你吃到飽！休息、喝茶的同時，也可以一嚐杭州人的各種小吃，一舉兩得！

隨身導遊

　　心源茶樓的內裝古色古香，既充滿中國詩意的佈置，又有現代的設計感，或許正因為如此，所以賣座電影「非誠勿擾」便選在茶樓裡取景，電影播出後，茶樓的名氣也因此更上一層樓。

貼心便利貼

心源茶樓的基本消費金額約為70元人民幣起跳，在杭州各處有眾多分店，因此走累了不妨可到店內休息吃茶。

旅遊玩家

開放時間	09：30～凌晨02：00
消費資訊	70～100元

─── 誰●會●說 YES！ ───

這麼多小吃和點心，怎麼可以錯過呢！

看看民間流行什麼玩意兒，也是考察民意的一種。（魏徵愛卿不在吧？）

燈光美、氣氛佳，又能無限吃到飽，多種收獲，值！

美食達人楊貴妃　　勤學君王李世民　　精打細算王熙鳳　　聲勢浩大秦始皇

▶▶▶ 湖濱晴雨

星等評價：

就是熱愛自然：★★★★★

我愛大藝術家：★★★★

只有這裡才有：★★★

婆婆媽媽按讚：★★★★

 由來介紹

　　「湖濱晴雨」在西湖的右上方，它左邊有斷橋、白堤、蘇堤，右邊是西湖市中心。這裡規劃出一到六號公園供民眾休閒散步，又因南宋的西湖十景中，獨缺「雨湖」，但江南多雨，雨中西湖更自有一番風景，於是在近代的三評西湖十景之中，便加入了「湖濱晴雨」一景。

 隨身導遊

　　三號公園的水面上，在上午十點、十點半，下午四點、四點半各有一場完全免費的「音樂噴泉秀」，在晚上七點到九點則是每半小時一場，星期六日加演至十點，配合燈光演出，音樂噴泉更加有看頭。

─── 誰•會•說 YES！───

有視覺、有聽覺，好浪漫喔！

真想了解噴泉的原理是什麼！

噴泉秀？這東西咱們大觀園裡可沒有，得瞧瞧！

或許我的地下宮殿也該弄個噴泉了！

美食達人楊貴妃　　勤學君王李世民　　精打細算王熙鳳　　聲勢浩大秦始皇

貼心便利貼

湖濱公園一號公園，簡稱「一公園」，是公交車的站牌名，因為位處樞紐，許多公交車皆經此處，不妨可將這裡做為行程的出發起始點。

 旅遊玩家

開放時間	戶外全天
門票資訊	免費
交通資訊	4、7、42、102至一公園站

在西湖的東邊，有長條的綠地公園一號到六號，
湖濱晴雨就位於一號公園附近

上省・錢・靈・籤上

　　在湖濱晴雨附近有杭州
公共自行車的站點，騎乘的
第一個小時免費，所以要是
走累了，不妨利用自行車，
也是一個不錯的選擇！

星等評價：

就是熱愛自然：★★★

我愛大藝術家：★★★★★

只有這裡才有：★★★★★

婆婆媽媽按讚：★★★

 由來介紹

　　1928年由蔡元培先生創立的中國美術學院，位於西湖湖畔，雖然經歷了多次更名、搬遷，不過最後始終還是依偎著西湖，在湖畔落腳。

 隨身導遊

　　學院在杭州有兩個校區：南山校區和象山校區，位在西湖旁的是南山校區，走進校園，特殊的建築設計讓人感覺充滿藝術氛圍，作者至當地旅遊期間，適逢藝術學院的畢業展。

　　如果你以為畢業展只是展覽畫作、雕像可就落伍嚕！這間美術學院的畢業展相當前衛，最「驚人」的作品，是位男學生全裸上陣，身上只「穿」著經過設計的裝置造型，所以有機會的話，不妨抱著觀摩的心情，也參觀一下當地美術學院的畢業展吧！

誰·會·說 YES！

好像很好玩的樣子。

現代學子的學堂長什麼樣呢？真好奇。

多看多長見識。

裸體真是太不像話了。

美食達人楊貴妃　　勤學君王李世民　　精打細算王熙鳳　　聲勢浩大秦始皇

旅遊玩家

開放時間	戶外白天
門票資訊	免費
交通資訊	4、42、102、Y2 至錢王祠路口站

貼心便利貼

從中國美術學院培養出來的藝術大師們，包括黃賓虹、李可染、林風眠、艾青、趙無極等，都是相當傑出的藝術人才！

▶▶▶ 吳山天風

星等評價：

就是熱愛自然：★★★★★

我愛大藝術家：★★

只有這裡才有：★★★★

婆婆媽媽按讚：★★★★

 由來介紹

登上吳山山頂眺望西湖、錢塘江，開闊的視野、涼爽的山風，令夏天造訪西湖的遊客，獲得一點舒爽，也難怪當選成為「新西湖十景」中的一景。

吳山山上有一城隍閣，對杭州市民來說，是相當重要的樓閣，同時與黃鶴樓、藤王閣、岳陽樓，並稱江南四大名樓。

城隍閣有多大呢？晚上點起燈後，站在山腳的吳山廣場，都能清晰的看見城隍閣上，一層一層的閃亮燈飾呢！

隨身導遊

　　說吳山是杭州最「親民」的一個去處絕對不誇大，除了山頂的城隍廟、風景是杭州相當重要的景點外，一到傍晚，山腳下的吳山廣場更是全民運動、跳舞、休閒的最佳去處，晚上來逛河坊街，順道經過廣場的話，絕對會對大嬸大叔們的活力印象深刻、由衷的給一個讚！

山天風下的廣場，是杭州民眾晚上運動的運動場，
上光亮亮的城隍廟相當醒目

人家要去城隍廟
問姻緣！

能站在高處一覽
西湖，一定相當
漂亮！

乾隆老弟居然六登
吳山，讓我也好奇
起來了！

美食達人楊貴妃　　勤學君王李世民　　精打細算王熙鳳　　聲勢浩大秦始皇

貼心便利貼

吳山有多紅？乾隆皇帝六次下江南，六次登吳山，吳山名氣想不響
亮也難！

 旅遊玩家

開放時間	戶外全天
門票資訊	免費
交通資訊	31至吳山廣場站

▶▶▶ 河坊街

 由來介紹

　　南宋偏安江南，定都杭州後，修九里皇城、開十里天街，當時的官府、皇宮等重要地點，便是位於杭州「河坊街」，所以這裡的熱鬧與繁華程度，直可比擬北京的大柵欄，是當時皇宮貴族、宮女太監們採買生活用品，不可或缺的重要大街。

　　「河坊街」經過整治後，目前是一條古色古香的步行街道，而且許多耳熟能詳的店家，幾乎都在街上，包括胡慶餘堂國藥號、老牌餐廳狀元樓、太極茶道苑、王潤興酒樓等等，不止老店，這條街上甚至還有現代麥當勞呢！為了融入當地特色，外觀也是古色古香的！

 隨身導遊

河坊街無論白天、夜晚來逛,各有各的風味,街上有許多小販會穿著古裝,以招攬更多的生意,晚上走在街上,甚至還會看到一個古代人,敲著銅鑼,口中唸著:「天乾物燥,小心火燭!」相當有趣!

在街上,除了老字號的名店、餐廳,最為令人驚奇的就是——許仙當夥計的藥舖——保和堂,居然也在街上!門口還立有一尊許仙的銅像!

河坊街也是當年市井民眾的生活重心,街上同時有茶樓、妓院、賭館、酒肆、戲樓,剛好湊足了「吃喝嫖賭」,所以又被稱為「五花兒中心」。

 省 · 錢 · 靈 · 籤

位於河坊街頭的「銅雕博物館」,運用銅雕創作各式各樣的建築、佛像,甚至還有龍椅,而且還供遊客免費拍照呢!入內參觀也全都免費,有時間的人,不妨也可以到這裡走走逛逛!

於河坊街頭的「銅雕博物館」有個最大活招牌：銅雕、咪咪的彌樂福，似乎熱情的叫大家快進來參觀！

河坊街頭居然有「保和堂」中藥坊，那不正是許仙工作的地方嗎？果然，門口就見一許仙塑像。

在銅雕博物館中甚至還有「龍椅」可供民眾拍照喔！

要是沒空到山上參觀雷峰塔，沒關係，銅雕博物館可以一次滿足你！

銅雕博物館古色古香的大門。

河坊街真不愧是當年南宋國都最繁華熱鬧的大街，連街上都有皇上出巡啦！

夜市的遊戲到了河坊街就變成有趣的拋繡球了！真是有創意！

河坊街上的古玩意兒不少，可以到這裡來挖寶。

誰•會•說 YES！

街上有好多好玩的攤販喔！

遇爾微服出巡、考查民意也是必須的。

我说我的秦始皇老祖宗，軍隊也得吃喝玩樂放鬆一下的嘛，你難道不知道時下最流行的就是下班off學嗎？

不過就是一條街嘛，會比我的軍隊壯觀嗎？鳳哥兒，寡人的軍隊不興吃喝玩樂，但伙食可是一等一的好！不信？，去看看兵馬俑就知道，進來久的士兵，個個小腹便便啊！

美食達人楊貴妃　　勤學君王李世民　　精打細算王熙鳳　　聲勢浩大秦始皇

貼心便利貼

老街非常的長，區域範圍也很大，避開中午的大太陽，於傍晚至晚上來這裡逛逛，可以欣賞到杭州人悠閒的一面。

 旅遊玩家

開放時間	戶外全天
門票資訊	免費
交通資訊	Y6、31至河坊街荷花池頭站（河坊街西邊）； Y6至鼓樓站（河坊街東邊）

▶▶▶ 南宋御街

星等評價：

就是熱愛自然：★★

我愛大藝術家：★★★

只有這裡才有：★★★★★

婆婆媽媽按讚：★★★★

 由來介紹

「南宋御街」是南宋皇帝每三年一次，從宮中至景靈宮祭祖出行的道路，雖說皇帝出行，眾人應迴避，但卻又擋不住好奇，希望能從混亂之中看一眼皇帝生的什麼樣。

南宋御街和河坊街相隔不遠，皆是杭州當年最繁華榮盛的街區，直到今天，也還保持著古色古香的建築，規劃成行人徒步區，所以在此逛街相當舒服。

隨身導遊

　　在御街上，有一處「南宋御街遺址陳列館」，是2008年考古學家在御街挖了一個深坑，藉以證明在南宋時，御街街道舖設的是香糕磚，後來才又加上石板，使街道更為平整、堅固。

　　在小小的館中，還保留了坑洞，以及因朝代而層層疊疊、不同材質的道路舖面，看著不同的材料展現的歷史感，頓時有種與古代相當接近的感覺。

御街遺址陳列處，
可以清楚看見歷朝歷代的路面建材，
令人一眼看盡百年！

御街上驚見寶芝林。

南宋御街與河坊街相交，因此四面八方都有值得參觀的景點。

御街上有不少手工藝攤販，現場捏起陶人栩栩如生！

麥當勞也古色古香。

↑見著石碑與牌坊，就知道御街到了。

← 入夜的御街少了些遊客，多了幾分悠
　閒的氣息。

 省・錢・靈・籤

　　「南宋御街遺址陳列館」是免費入場，而且開放到晚
上，雖然展品數量不多，但相當有意義。

晚上的御街別有一番風情。

街上好多商店，
好熱鬧呀！

既是御街，又是免費，
值得一看。

我的兵馬俑洞坑
都比這大上百倍
不止。

美食達人楊貴妃　　勤學君王李世民　　精打細算王熙鳳　　聲勢浩大秦始皇

貼心便利貼

南宋御街不止白天，晚上來時也很漂亮喔！

 旅遊玩家

開放時間	戶外全天
門票資訊	免費
交通資訊	8、13、Y6至鼓樓站（御街南邊）

▶▶▶ 胡雪嚴故居

星等評價：

就是熱愛自然：★★★★

我愛大藝術家：★★★★★

只有這裡才有：★★★★★

婆婆媽媽按讚：★★★★

 由來介紹

胡雪嚴是清末的一代大商人，號稱江南首富，所以他的住家，理所當然便是「第一豪宅」。

建於同治11年，歷時三年，耗費五十萬兩白銀打造的這座「江南第一豪宅」曾一度破敗，直到杭州市文物保護管理所進行整理之後，如今才能展現於世人面前。

豪宅內雕樑畫棟、佔地廣闊，庭園更是不用說，江南園林的造景之美、曲徑之通幽、景中有景、山外有山，一山一木一水，皆是細心佈景、設計安排。

其實最特別的是，除了上好木材所雕而成的中式家具，宅內不乏充斥著西洋兒玩意：玻璃、鏡子、水晶燈。

特別是成排吊掛的水晶燈，很顯然的與法國凡爾塞宮中，為人津津樂道、最華麗的「鏡廳」，有著異曲同工之妙，真不曉得是湊巧，還是大商人真的曾到法國巴黎去「旅行」過！

 隨身導遊

胡雪巖，字光墉，杭州人，生卒年為1823～1885，享年62歲。他幼年時家貧，所以為了生計，到錢莊當學徒，糊口飯吃，沒想到一樁事件，卻改變了他的一生。

當時一位仕途不佳的官員王有齡，來到錢莊裡想借點錢，無奈沒什麼勢力，因此借不到，胡雪巖私下違背店規，幫助王有齡，因此被錢莊轟出去，丟了工作，但兩人也結為莫逆之交。

俗話說，三十年河東，三十年河西，風水輪流轉，當年落破潦倒的王有齡居然當上了浙江巡撫，於是，在莫逆之交的幫助下，胡雪巖走上經商一途。

　　胡雪巖首先從他的老本行──錢莊生意做起，漸漸擴展到糧食、絲綢、當舖、田宅，最後甚至連軍火都有他一份，後來更開辦「胡慶餘堂國藥號」，成了江南首富，居住的地方，也成了當地最華麗的豪宅！

　　不過成也經商，敗也經商，儘管胡雪巖有當官的朋友，他又善於廣結善緣、懂得應對進退、觀察時局變化，但最終還是在經商之路上，遭到西洋商人的陷害，最後在1884年破產，隔年病逝，孑然一身。

　　經歷過大風大浪，雖然最後又回到最初一貧如洗，但人間這一遭，胡雪巖活的精彩，不算白走，只不過是應證了金剛經裡所言：「一切有為法，如夢幻泡影，如露亦如電，應作如是觀」罷了。

　　想了解更多有關胡雪巖的故事，那得往下了解，他開辦的「胡慶餘堂國藥號」的故事！

人家最喜歡設計獨具巧思的江南園林了。

聽說裡頭還有西洋玩意兒，那可得瞧一瞧。

來看看有沒有比咱們大觀園豪華！

有歷史價值，值得瞅瞅！

美食達人楊貴妃　　勤學君王李世民　　精打細算王熙鳳　　聲勢浩大秦始皇

貼心便利貼

胡雪巖的經商名言：「沒有永遠的敵人，只有永遠的利益。」拿到今日來看，依然適用。

 旅遊玩家

開放時間	08：00～17：00
門票資訊	20元
交通資訊	8、13、Y6至鼓樓站，往南步行

▶▶▶ 胡慶餘堂中藥博物館

星等評價：

就是熱愛自然：★★
我愛大藝術家：★★★★
只有這裡才有：★★★★★
婆婆媽媽按讚：★★★★

 由來介紹

遠遠的就能看見一大面白牆黑字，寫著大大的「胡慶餘堂國藥號」，胡雪巖創的這間藥舖，首重「戒欺」，在門上還掛著他親手寫的「是乃仁術」的匾額，提醒著藥舖夥計們，要時時刻刻按良心做事。

光是藥舖的建造，房子就耗費了三十萬兩白銀，江南式庭院風格的藥舖裡，大量的使用各式珍貴木材，例如：鐵超木，這種木材防蟲蛀、材料扎實、質地細膩，據說北京的頤和園也是使用這種木材，可見胡雪巖財力之雄厚，可與皇族比擬。

目前店內仍販售許多自製的丸、丹、膏、散、膠、油、露、藥酒等等，多達四百多種的名藥，供民眾購買，如果不想買藥，也可以上二樓，有中藥博物館可以參觀喔！

 隨身導遊

　　胡雪嚴創辦藥號有個有趣的原由。話說當時胡雪嚴的妻子生病，請了大夫看病開藥方，叫家裡的夥計去最好的藥舖抓藥，回來後，一打開藥包，沒想到藥材居然全都發霉、壞掉了。

　　胡雪嚴讓夥計到藥舖反應問題，沒想到該店的小二不但不認錯，還相當囂張的說：「咱們藥舖就只有這種藥材，不滿意的話讓你家老爺自個兒開一間。」胡雪嚴一氣之下，還真就自個兒開了間藥舖。也因此才會定下「戒欺」的鐵律。

貼心便利貼

或許正是因為誠信、用料實在，所以百姓們來胡慶餘堂抓的藥，藥效特別顯著，因此胡雪嚴又有「江南藥王」之稱，胡慶餘堂國藥號在當時，還和北京皇城的享譽盛名的「同仁堂」齊名呢！

 旅遊玩家

開放時間	08：00～17：00
門票資訊	10元
交通資訊	位於河坊街內，Ｙ6、31至河坊街荷花池頭站（河坊街西邊）；Ｙ6至鼓樓站（河坊街東邊）

西湖東──杭州

胡慶餘堂如今不但尚有營業，而且還成立了中藥博物館！

―― 誰・會・說 YES！ ――

人家什麼都愛吃，就是不愛吃藥！

這裡匯集了各種頂級的中藥材，不看可惜。

為了建這間藥舖，胡老爺子可花了不少錢，我得好好參觀參觀。

既然是江南藥王，說不定這裡有長生不老藥！

美食達人楊貴妃

勤學君王李世民

精打細算王熙鳳

聲勢浩大秦始皇

123

▶▶▶ 錢祠表忠

星等評價：

就是熱愛自然：★★

我愛大藝術家：★★

只有這裡才有：★★★★

婆婆媽媽按讚：★★

 由來介紹

在這裡的「錢王祠」是為了紀念五代十國的「吳越王錢鏐」。

五代十國時期是一個動盪的年代，戰亂不斷，但在吳越王錢鏐統治之下的杭州，不但平和無亂，他還減輕稅賦、疏浚西湖、積極發展貿易，使得杭州人在那個戰亂的時代，能在杭州安居樂業、遠離戰爭。

不但如此，到了宋代建國，天下統一之後，甚至和平的歸順朝廷，使人民不用因為統治者貪圖權利慾望之下，成為戰爭的犧牲品，從歷史觀點來看，錢鏐是一代名君。

 隨身導遊

關於英明統治杭州的錢王有一個有趣的傳說。

話說錢塘江的潮水，向來又猛又大，每次錢潮來襲，總是沖毀新修好的防堤，不但浪費百姓們的血汗錢，也常常造成百姓傷亡。當時治理杭州的錢王，眼看潮水一再決堤，長久下去不是辦法，聽屬下說，錢塘江水會如此犯濫，是因為河裡的「潮神」作怪。

錢王一聽震怒，既然是神，應為百姓福址著想，怎反而作怪危害民間？

在八月十八潮神的誕辰日這天，按往例，這天潮天總是發的特別大，而且潮神還會得意的乘在潮水最前端的浪頭上，意氣風發的遊江。

為了百姓著想，錢王心生一計，他調來萬名弓箭手，安排在錢塘江岸邊。果然，沒等多久，前頭黑壓壓、滾滾的江水，朝著錢王和萬名弓箭手而來，錢王先是站在岸邊，大聲的朝潮神喝道：「潮神你聽好了，你若是答應不再發大潮水，每年我會準備厚禮好好酬謝你，但若是你仍大發潮水、危害百姓，那麼就別怪我不客氣了！」

不過潮神要是這麼好商量，也就不會年年發大水，殃及百姓。潮神不但不聽錢王的威喝，甚至大潮水的洶湧程度，直直朝錢王所在的岸邊而去。錢王看潮神沒有緩下來的趨勢，於是一萬名的弓箭手在他一聲令下，擺好架勢，緊繃弓弦、蓄勢待發！

那潮神看著萬名弓箭手對著他，愈看愈火大，愈發兇猛，只見錢王毫無所畏，高高的舉起手，大聲喝令：「放箭！」剎時弓箭手萬箭齊發，咻咻咻聲不絕於耳，但潮水不見退勢，錢王再喝：「放箭！」

就這樣連續放了三次，潮水淹到了六和塔前面的時候，終於見效，潮水像是退縮了一樣，不但漸漸變小，還在錢王面前轉向而去。

從此，人們為了紀念錢王這次的事蹟，於是把江邊終於不再被沖毀的堤壩，命名為「錢塘」。

貼心便利貼

在園內有連續的五座牌坊，那是為了紀念吳越時，連續五個國王治理杭州的仁蹟而設的！

誰・會・說 YES！

這裡的花園好美喔，特別是地上的花紋。

一代明君，值得仿效。

打打殺殺不適合我們女人家！

比起我一統天下的千秋霸業不過是小巫見大巫罷了！

YES! YES! NO! NO!

(美食達人楊貴妃)　(勤學君王李世民)　(精打細算王熙鳳)　(聲勢浩大秦始皇)

 旅遊玩家

開放時間	8：30～16：30
門票資訊	15元
交通資訊	4、42、102、Y2 至錢王祠路口站

錢王超有氣勢的站姿！

錢王祠大門口。

130 錢祠表忠園內的牌坊。

▶▶▶ 西湖天地

星等評價：

就是熱愛自然：★★★★
我愛大藝術家：★★★★
只有這裡才有：★★★
婆婆媽媽按讚：★★★★

 由來介紹

　　和上海新天地一樣，同屬於香港瑞安集團，由美國設計師操刀，在西湖湖畔，靠近「柳浪聞鶯」一景旁，是處集合現代休閒、古代園林建築的新興逛街好去處，不過這裡的店家有的消費檔次較高，得小心看管好自己的荷包以免大失血！

 隨身導遊

　　細細品味西湖天地裡，部分古老的建築，有著浙江老平房的味道，烏瓦白牆、曲折長廊、精細雕花，遊走其中，可以同時兼具古意與現代兩種情趣。

　　在古意盎然的中式園林中，現代咖啡廳、餐廳大量採用現代建築中的玻璃，玻璃透明特性，使得這些商店，一間間隱身於花草樹木中，一方面既能保有店與美景之間互不干擾的特性，坐在店裡的消費者，也能欣賞戶外西湖美麗的山水。

　　到了夜晚，店裡閃耀的霓虹燈，隱隱從樹林間露出，引人前去一探究竟，頗有古人夜晚遊園的雅興！

 省 ・ 錢 ・ 靈 ・ 籤

　　在這裡看到喜歡的東西別忘了比價，或許有賣的更便宜的地方也不一定！

湖畔可不是只有詩情畫意，
可以很「現代時尚」喔！

133

西湖天地白天熱鬧
夜晚也相當有看頭

誰•會•說 YES！

看看別的朝代都流
行啥玩意兒！

我寧願去
逛西湖。

走走逛逛還行，想打我
銀子的主意，沒門兒！

美食達人楊貴妃　　勤學君王李世民　　精打細算王熙鳳　　聲勢浩大秦始皇

 旅遊玩家

開放時間	戶外全天
門票資訊	免費
交通資訊	4、42、102、Y2至錢王祠路口站

貼心便利貼

不止白天，夜晚來
這邊走走逛逛也很
有情調。

▶▶▶ 西湖博物館

星等評價：

就是熱愛自然：★★★

我愛大藝術家：★★★★

只有這裡才有：★★★

婆婆媽媽按讚：★★

 由來介紹

　　這是一個以「西湖」為主題的博物館，裡面不但介紹杭州西湖的歷史，更包含了曾治理過西湖的各朝人物，想了解「西湖」從古至今的身世，這裡是最佳參訪地。

 隨身導遊

　　西湖博物館是一座現代新穎的博物館，館內除了用看版介紹西湖歷史，還有一座縮小版的「西湖模型」，藉由多媒體互動方式，可以快速一覽西湖，與各個景點的位置，是了解整個西湖最快速又愉快的方式。

遊西湖前先來一趟西湖博物館，
保你馬上將東南西北方位弄清楚。

模型連雷峰塔都做的栩栩如生。

貼心便利貼

西湖博物館內有電梯的設置，就算行動不便的老人家也可以來喔！

 省・錢・靈・籤

在錢王祠附近，兩個景點相當近，步行即可達到，不需要搭車。

西湖博物館裡的雷鋒塔遺址介紹，現在的塔是後來建造的，原始的塔只剩塔基。白娘子就是被鎮在這裡嗎？

白娘子的兒子——許士林含淚在塔前拜母，用刺繡方式呈現，別有一番風味。

將杭州有關的「名人」全刻在牆上，讓人不禁想，要是這些歷史名人組一個團體出道，那一定是超級天團！

岳飛母刻精忠報國的真實場景模擬。

呈秦老前輩的話，刺在背上應該是要岳飛時時刻刻記著自己背上的重擔，不是要拿來看的。

可以快速了解整個西湖，很有效率！

可以從空中俯看整個西湖，相當符合我帝王般的氣勢！不過館內岳母刺字那一幕……她確定刺在背上岳飛看的見嗎？

美食達人楊貴妃　NO!

勤學君王李世民　YES!

精打細算王熙鳳　YES!

聲勢浩大秦始皇　YES!

旅遊玩家

開放時間	08：00～20：30
門票資訊	免費
交通資訊	4、42、 102、Y2至錢王祠路口站

▶▶▶ 中國絲綢博物館

星等評價：

就是熱愛自然：★★★

我愛大藝術家：★★★★

只有這裡才有：★★★★

婆婆媽媽按讚：★★★

 由來介紹

　　一進到館內，一台巨大又美麗的「古董」紡織機，馬上讓人眼睛為之一亮！在這裡不止展示美麗的絲綢成品，而是從養蠶、吐絲、整絲、紡織、刺繡……等等，整套完整過程的展示與介紹，走過一趟博物館，包你完全了解「絲綢產業一條龍」的所有歷程。

 隨身導遊

　　除了了解製絲過程的辛苦，館內還展出許多驚人、創新的刺繡工藝品，有單面繡、雙面繡、雙面雙圖繡……等等令人欽佩不已的刺繡技法，館藏豐富，值得一遊。

中國絲綢博物館門口就有一位美麗的織女、舞著輕盈的絲帶！

絲綢博物館一樓相當美麗又有氣勢的大廳！

看的出來這是用「繡」的嗎？風景為北京頤和園的景色！

貼心便利貼

博物館分有不同的展廳，其中一館的地下樓層，現場便有真人正在織絲織品，可供參觀。

 旅遊玩家

開放時間	08：30～16：30
門票資訊	免費
交通資訊	42、Y3、Y9 至絲綢博物館站

誰•會•說 YES！

好多好漂亮、
精緻的衣服喔！

刺繡真是一名
博大精深的學
問呀！

免費可以看到這麼
多珍品，怎麼輕易
放過！

這精細的工藝，
咱們那朝代還沒
有呢！

美食達人楊貴妃　　　勤學君王李世民　　　精打細算王熙鳳　　　聲勢浩大秦始皇

← 絲綢博物館不止展出藝術品，也有「真人秀」
　 現場織給你看

↓絲綢博物館不止講解絲綢來源，也展示美麗的
　刺繡古衣

143

星等評價：

就是熱愛自然：★★★★

我愛大藝術家：★★

只有這裡才有：★★★★★

婆婆媽媽按讚：★★★★★

 由來介紹

　　萬松書院創立於明代弘治年間，在明清時期，是杭州最大的書院，可以說是杭州的「最高首府」。歷史上重要的思想家——王守仁，曾在此講學，就連清朝的康熙皇帝，都御筆親書「浙水敷文」。

 隨身導遊

　　耳熟能詳的「梁山伯與祝英台」愛情故事，你我一定不陌生，戲中祝英台女扮男裝、和她的梁兄哥一起「同窗共載三年」，據傳，就是在杭州的萬松書院，因此這裡也有人稱為「萬松書緣」。

來到這裡別忘了到後山上的萬松書房，裡面有兩人的塑像，剎時，兩人情深緣淺的淒美愛情故事，彷復在眼前一一上演。

────── 誰•會•說 YES！ ──────

人家最愛聽愛情故事了。

既然是當地的最高學府，當然得來瞧瞧。

（美食達人楊貴妃）　（勤學君王李世民）　（精打細算王熙鳳）　（聲勢浩大秦始皇）

　旅遊玩家

開放時間	07：30～17：30
門票資訊	10元
交通資訊	102至萬松嶺站

貼心便利貼

有了梁祝愛情故事的加持，所以每周六早上，於萬松書院裡有「相親大會」，好奇相親場景的人，不妨可以來這裡湊個熱鬧！

▶▶▶ 虎跑泉

星等評價：

就是熱愛自然：★★★★

我愛大藝術家：★★★

只有這裡才有：★★★★★

婆婆媽媽按讚：★★★

 由來介紹

　　名列天下第三名的──虎跑泉的泉水，之所以如此優良，可是有科學根據的喔！用現代科技分析泉水後，發現虎跑泉是屬於「裂隙泉質」，就像溫泉水一樣，裡面含有稀有的放射性元素，所以水質清冽，而且還有健康、養身的功用。

　　蘇東坡不愧是懂得享受，又懂得欣賞美食美景的「旅行玩家」，在科技尚未分析泉水時，大詩人就識貨的作詩大讚泉水的美好，他曾在詩中讚喻虎跑泉：「道人不惜階前水，借與匏尊自在嚐。」

 隨身導遊

「虎跑泉」名字的由來，有一個相當感人的故事。

話說有一對兄弟，大哥叫大虎，弟弟叫二虎，兩人長的虎背熊腰，還曾做過將軍、建立過軍功，不過因奸臣陷害，於是兩人辭官而去，行走天下。

一天，兩人來到杭州山腳下，覺得此地風景甚好，便往山上一路走去，途經一個小村莊，沒幾戶人家，再往上走，最後來到一座小破廟前面。眼看天色也暗了，兩人請求廟裡唯一的老和尚，讓他倆住宿幾天。

晚上閒聊間，兄弟倆看老和尚眉頭間有著淡淡憂愁，一問之下才知，原來山裡什麼都好，就是缺水，每天的生活用水，得千里迢迢到山腳邊的小溪流挑水，這原本也沒什麼，但老和尚一天一天的蒼老，再也走不了那麼遠的路去挑水，所以這山上的小廟，他恐怕也住不了太久。

兩兄弟一聽，要力氣，他倆兄弟多的是，為了報答老和尚的恩情，他們請老和尚收了他們做弟子，這樣一來，兩人有了家，而困擾老和尚，砍柴挑水的苦力活，就交給他們來做。

老和尚一聽，相當高興，兩兄弟也歡喜的在這個小廟落腳下來。大虎和二虎做的水桶是一般人家的兩倍大，挑水時的腳程是別人的三倍快，因此不僅是小廟的用水，整個小鎮村莊人家的水缸，托兩兄弟的福，每天都是滿滿滿！

不過好景不常，一年大旱，山腳小溪乾涸，兩兄弟改去挑西湖水，可是那時的西湖水不像現在乾淨，又黑又泥，根本無法用來煮飯洗衣，眼看整個鎮的人家都快渴死，這可怎麼辦才好？

大虎突然想起，在遙遠的南方山嶽，有口童子泉，如果能把泉水的泉眼搬來村裡，村子不就有源源不絕的泉水可用？於是兩人決定去南方一試。

童子泉位於遙遠的南方，即使健壯如虎的兩人，最終也敵不過遙遠的路途，又熱又渴之下，兩人最後昏倒在地。矇矓之中，兩人看到一個小孩子，調皮的在兩人身旁跑來跑去，不時的發出銀鈴般的笑聲，接著拿出青翠的柳枝，往他倆身上拍打。

說也奇怪，原本又渴又累、體力透支的兩人，一瞬間，旅途的疲苦勞累全都消失，身體甚至恢復到比出發前更為健壯精神。

　　大虎心想：這個童子會不會就是童子泉的守護神呢？於是他將事情的原委告訴童子，並表達希望可以將泉水搬到他們村莊。

　　那童子聽完只是笑笑的說：「搬泉眼？那可得費上九牛二虎之力呀！」二虎一聽，著急的說：「我們兩人不正好就是二虎嗎？」

　　童子回：「只可惜你們倆不是真虎。」大虎聽完，堅定沉穩的說：「為了搬泉眼，就算要我們倆變成真的老虎也甘願。」

　　話一說完，只看見一陣刺眼的金光……

　　當天晚上，老和尚在夢中看見了兩頭老虎跑到他的身旁，圍著他轉，相當溫馴，像極了他的大虎、二虎。隔天他將夢境訴說與村人聽，大家都笑說：「人怎麼可能變老虎！」沒有人相信老和尚的話。

　　突然，不知從哪傳來的童子聲說：「哇，有兩隻大老虎，正在寺院門前刨地呢，大家快來看！」於是眾人跑到寺廟門一看，果然，有兩隻老虎在門前，用爪子不斷的往地上挖坑，見到老和尚來了，兩虎走到和尚身邊轉了幾圈，老和

尚眼裡泛淚，拍拍兩隻老虎的頭，過沒多久，兩頭老虎往樹林裡一躍，不見蹤影。

剛剛雙虎刨的大坑裡，居然開始冒出源源不絕的泉水，村民喝了一口，泉水甘甜清涼，比山腳小溪的水好上百倍不止，於是最後用青石堆砌，成了一口井，又為了紀念大虎、二虎兩兄弟，便稱此井為「虎跑泉」。

多年以後，有位道士經過，聽了水井的故事，又掐指一算，虎跑泉冒出泉水的那天，正是南方山嶽童子泉乾涸的那一天！

貼心便利貼

　　用虎跑泉的泉水，沖泡西湖上好龍井茶葉，稱為「西湖雙絕」。如果懶的自己動手泡的話，哪裡有呢？「湖濱晴雨」公園旁的「湖畔居」，三面臨湖，且用的正是虎跑泉水，西湖湖畔品雙絕，堪稱人生美事之一。不過消費價格也較高，平均消費約為一百人民幣起跳。

—————— 誰•會•說 YES！ ——————

真想一嚐用虎
跑泉泡出的西
湖龍井。

雖然故事很感
人，但是想喝
泉水的話，我
寧願叫家丁前
往挑水。

（美食達人楊貴妃）　（勤學君王李世民）　（精打細算王熙鳳）　（聲勢浩大秦始皇）

 旅遊玩家

開放時間	06：00～18：30
門票資訊	20元
交通資訊	4至虎跑站

可以嘗試在此處黏上
自己去旅遊所拍攝的照片
並寫下當時難忘的記憶

隨手小品：

可以嘗試在此處黏上
自己去旅遊所拍攝的照片
並寫下當時難忘的記憶

隨手小品：

可以嘗試在此處黏上
自己去旅遊所拍攝的照片
並寫下當時難忘的記憶

隨手小品：

可以嘗試在此處黏上
自己去旅遊所拍攝的照片
並寫下當時難忘的記憶

隨手小品：

可以嘗試在此處黏上
自己去旅遊所拍攝的照片
並寫下當時難忘的記憶

隨手小品：

Chapter 06

西湖北邊
遊玩景點

▶▶▶ 浙江西湖美術館

星等評價：

就是熱愛自然：★★★

我愛大藝術家：★★★★

只有這裡才有：★★★★

婆婆媽媽按讚：★★

 由來介紹

位於孤山島上的浙江西湖美術館，在舊館址中，曾為藏書樓文瀾閣的一部分，經過整修之後，現下以「浙江西湖美術館」之姿重新對外開放，裡面藏品十分豐富。

分為基本陳列館、書畫館、工藝館、錢幣館、青瓷館、國際禮品館、明清傢俱館、精品館……等等，十多個館別。

在這裡，不止有博物館裡的寶物可賞，館外的園林景緻也值得細細品味，形成「園中有館，館中有園」的獨特設計。

 隨身導遊

在館內特別值得注意的是青瓷館，因為浙江原為古青瓷
——「龍泉窯」的發源地，有了地利之便，在這方面的收藏
也特別豐富！

—————— 誰•會•說 YES！ ——————

這裡居然是古青瓷
的發源地，該是好
好鑑賞的時刻了。

來看看有什麼好東
西，可以放入我的
地下宮殿。

美食達人楊貴妃　　勤學君王李世民　　精打細算王熙鳳　　聲勢浩大秦始皇

 旅遊玩家

開放時間	09：00～16：00，週一休館
門票資訊	免費
交通資訊	位於孤山島上，可散步進去，或搭乘Ｙ10至浙江省博物館站

貼心便利貼

此博物館不用特地費心尋
找，只要走上白堤，延著孤
山景區一路散步即可遇見，
相當好找。

155

▶▶▶ 樓外樓

星等評價：

就是熱愛自然：★★

我愛大藝術家：★★★

只有這裡才有：★★★★

婆婆媽媽按讚：★★★★★

 由來介紹

要說杭州最有名的餐廳，莫過於這間命名取自於「山外青山樓外樓」詩句中的國營餐廳——樓外樓。

樓外樓創建於西元1848年（清道光28年），到現今已有一百六十多年的歷史，不止文人魯迅、梁實秋、周恩來、陳立夫、蔣介石等名人曾來此品嚐，就連國父都曾上門一品佳餚呢。

其實樓外樓地理位置相當優越，一路從白堤散步至孤山即可遇見，外觀古色古香，不過招牌不大，小心走過路過，不要錯過。

外樓門面不大，小心錯過。

『樓外樓』室內古色古香

隨身導遊

　　樓外樓最有名的料理莫過於「東坡肉」，雖然只是小小一盅，不過要把一塊肉料理的軟而不爛，著實需費上不少功夫。在餐廳裡還能同時吃到叫化雞、西湖醋魚、宋嫂魚羹、龍井蝦仁等杭州名菜。

上　省・錢・靈・籤　上

　　樓外樓是老字號，所以價格也略微偏高，不過品質也算有保證，但在杭州，東坡肉、宋嫂魚羹、龍井蝦仁這些大名菜幾乎是每家餐廳的必備菜色，如果只是想要嚐鮮體驗、吃的更實惠一些，也可以考慮其它連鎖餐廳。

—— 誰•會•說 YES！ ——

有好吃好喝的怎麼可以錯過!

吃美食也是一種學習!

遠近中外馳名的東坡肉，不嚐一嚐怎麼行。

美食達人楊貴妃　　勤學君王李世民　　精打細算王熙鳳　　聲勢浩大秦始皇

貼心便利貼

要是想在旺季的用餐時間前來，最好可以事先訂位，如果不想人擠人，倒是可以避開用餐顛峰時間，不但人少，還能好好欣賞店內古意的佈置。

 旅遊玩家

開放時間	午餐10：30～14：30 晚餐16：30～20：30
消費資訊	20元～百元不等
交通資訊	位於孤山島上，可搭乘7、Ｙ10至少年宮站，由斷橋、白堤散步進去；或搭乘Ｙ10至浙江省博物館最為接近

▶▶▶ 孤山

星等評價：

就是熱愛自然：★★★★

我愛大藝術家：★★★

只有這裡才有：★★★★

婆婆媽媽按讚：★★★

 由來介紹

錢塘之勝在西湖，西湖之奇在孤山。

杭州古稱錢塘，錢塘西湖中的孤山，自古以來便享有盛名，其實孤山與其說是一座「山」，倒不如說是位湖中的一座小島，因為孤山不高，只有40公尺，光是上海的「東方之珠」摩天大樓，都有468公尺，兩者一比，孤山還真是小鳥依人！

不過孤山小歸小，但位於西湖的最北端，站在小島上向西湖眺望，可以飽覽美景無遺，還能遠望環抱西湖的青翠群山，無論是湖景、山景，孤山就像西湖中的小寵兒，佔盡地利之便，集三千遊客寵愛於一身。

隨身導遊

孤山不大，但遠近馳名的樓外樓、南宋行宮、放鶴亭等許多重要景點，都集中於孤山島上，和小瀛洲最大的不同，在於孤山是一座「天然」的小島，而小瀛洲則是人工堆砌出來的園林造景。

貼心便利貼

孤山不孤，在西湖中，除了有小瀛洲、湖心亭等小島陪伴之外，南宋峻刻「孤山」石碑時，孤字少了最後那一點，證明孤山真的不「孤」喔！

—— 誰•會•說 YES！——

我最喜歡踏青了！

既然西湖之奇在孤山，當然要好好賞玩一番。

來看看有沒有比我們大觀園美麗。

好好逛逛，說不定可以有什麼好主意，可以讓我的地下宮殿花園更華麗。

美食達人楊貴妃　　勤學君王李世民　　精打細算王熙鳳　　聲勢浩大秦始皇

旅遊玩家

開放時間	戶外全天
門票資訊	免費
交通資訊	7、Ｙ10、52(外環)至少年宮站，由斷橋、白堤散步進去；或搭乘Ｙ10至西邊的西泠橋站，或孤山島中的浙江省博物館站皆可

▶▶▶ 西泠印社

星等評價：

就是熱愛自然：★★

我愛大藝術家：★★★

只有這裡才有：★★★

婆婆媽媽按讚：★★

 由來介紹

　　一開始只是一群研究印學的文人雅士，常常聚集於西湖邊討論、研究，久而久之，便在孤山島上購置土地、建造學社，又因地點接近西泠橋，因此便稱為「西泠印社」。

 隨身導遊

　　西泠印社創立於西元1904年，清朝光緒三十年，不過印學杭州派別的開創人，則可追溯始於清代乾隆的丁敬，再後來有黃易。「丁黃」兩人開創了「浙派印學」，所謂印學其實就是研究「印章」，又稱為金石學，是一門集結雕刻與書法的學問。

冷印社的園景相當別緻。

西冷印社因位於西冷橋旁，因此得名。

163

實在沒興趣耶！

結合了書法和雕刻的學問，值得一探究竟。

免費的，不看白不看！

我的龍璽可比這有看頭多嘍！

NO!　　YES!　　YES!　　NO!

美食達人楊貴妃　　勤學君王李世民　　精打細算王熙鳳　　聲勢浩大秦始皇

貼心便利貼

西冷印社旁還有個「中國印學博物館」，喜歡印學、研究印學的人，千萬不要錯過喔！

 旅遊玩家

開放時間	08：30～16：30
門票資訊	免費
交通資訊	7、ㄚ10、52（外環）至少年宮站，由斷橋、白堤散步進去；或搭乘ㄚ10至西邊的西冷橋站；或搭乘7號線至岳廟站

▶▶▶ 中國印學博物館

星等評價：

就是熱愛自然：★★★

我愛大藝術家：★★★★

只有這裡才有：★★★★

婆婆媽媽按讚：★★

 由來介紹

　　藉由曲橋、園林，和西冷印社相通的「中國印學博物館」，是中國唯一一間展覽印學藝術的博物館，也是國家級的園林博物館。除了展示歷代珍貴的印章，也介紹了印學的發展和形成，可以對印學的發展脈絡有深刻的了解。

 隨身導遊

　　「印人書廊」在園林迴廊中，直接展示由印章蓋出的印章之美，因身處一半室外一半室內的環境，有別於一般逛博物館、吹冷氣的刻板印象，在大自然中吹著自然風、眼看綠意和藝術品，是很特別的體驗。

中國印學博物館就位於西冷印社附近

貼心便利貼

在館前有一個高4.2公尺的漢白龍印鈕章，可是博物館的館標，更被譽為「天下第一印」，擺在印學博物館前，最適合不過了！

— 誰•會•說 YES！ —

居然是中國唯一一間印學博物館，當然得進去瞧瞧！

想要看印章，我的庫房裡有一大堆！

美食達人楊貴妃　　勤學君王李世民　　精打細算王熙鳳　　聲勢浩大秦始皇

 旅遊玩家

開放時間	08：30～16：30
門票資訊	免費
交通資訊	7、Y10、52（外環）至少年宮站，由斷橋、白堤散步進去；或搭乘Y10至西邊的西冷橋站；或搭乘7號線至岳廟站

▶▶▶ 中山公園

星等評價：

就是熱愛自然：★★★★

我愛大藝術家：★★

只有這裡才有：★★

婆婆媽媽按讚：★★★

 由來介紹

中山公園原為宋朝時期的行宮、御花園，在清代康熙南巡時，也曾扮演過行宮的角色，後來為了紀念國父，才將此地改為中山公園。

 隨身導遊

中山公園和一般的公園不太一樣，因為它雖名為「公園」，但其實是將孤山的山景與園景融為一體。前面提過，孤山不高，走往園內拾級而上，看似「遊園」，實為「爬山」。

在階梯之上的「西湖天下景」亭，名字原為蘇東坡詩句，而兩旁的對聯寫的更是精妙：「水水山山處處明明秀秀，晴晴雨雨時時好好奇奇。」

貼心便利貼

面對大門的大石壁上，有刻著少了一點的「孤山」大石碑。

從中山公園向西湖望去的景色相當美麗

──────── 誰•會•說 YES ！ ────────

少了最後一點的孤山大石碑真有趣！

好一個孤山不孤，那今天我就要登上這不孤的孤山，好好賞一賞西湖之美。

御花園可不是隨便可以進去的，現在正是參觀的好時機。

不過就是個行宮，比我的地下宮殿還要小！

（美食達人楊貴妃）　（勤學君王李世民）　（精打細算王熙鳳）　（聲勢浩大秦始皇）

 旅遊玩家

開放時間	戶外白天
門票資訊	免費
交通資訊	7、Ｙ10、52（外環）至少年宮站，由斷橋、白堤散步進去；或搭乘Ｙ10至西邊的西冷橋站；或搭乘7號線至岳廟站

▶▶▶ 秋瑾墓

星等評價：

就是熱愛自然：★★★

我愛大藝術家：★★★

只有這裡才有：★★★★★

婆婆媽媽按讚：★★

 由來介紹

秋瑾，字卿，號競雄，自號鑒湖女俠，浙江人，因喜愛西湖，作有多首詩詞詠嘆西湖，死後朋友依她遺願，將她葬於西湖湖畔。墓前有一尊漢白玉雕成的秋瑾像，手持寶劍、英姿颯爽，站在像前，令人不禁遙想、感佩這位巾幗英雄。

 隨身導遊

秋瑾烈士革命失敗後，被捕臨刑絕筆時，曾寫下：「秋風秋雨愁煞人」，於是後來西湖邊有一個「風雨亭」，取其「風雨」為亭命名，就是為了紀念秋瑾。

女烈士秋瑾不止生前令人敬佩，她持劍立於墓上英姿颯爽，更令人仰慕。

貼心便利貼

秋瑾除了是女革命烈士，她還是位女文人，曾經留學日本，辦過中國女報、白話報，後來加入革命軍，雖然三十初頭便因革命壯烈犧牲，但她巾幗不讓鬚眉的氣度與風範，讓許多男革命烈士也不禁深感佩服，革命成功、民國成立之後，國父還曾到秋瑾墓前祭悼。

真是一位女中豪傑。

為了信念，毫無畏懼，值得欽佩。

真是個能幹的女人，和我一樣！

好險我那年代沒這樣的女人，否則她一定會來刺殺我！

(美食達人楊貴妃)　(勤學君王李世民)　(精打細算王熙鳳)　(聲勢浩大秦始皇)

 旅遊玩家

開放時間	戶外白天
門票資訊	免費
交通資訊	7、27、52（外環）、Y10至岳廟站

▶▶▶ 西冷橋

星等評價：

就是熱愛自然：★★★★

我愛大藝術家：★★

只有這裡才有：★★★★★

婆婆媽媽按讚：★★★★

 由來介紹

西冷橋為一單孔拱形石橋，因處西湖的西北端，橋下湖水於單孔流過時，總是發出冷冷的聲響，久而久之，此橋便被稱作西冷橋。

 隨身導遊

西冷橋為西湖三大情人橋之一，發生在西冷橋上的是──南齊名歌妓蘇小小與青年阮郁的愛情故事。蘇小小雖為歌妓，但才華出眾、能詩能歌，許多有錢公子哥兒、青年才俊都為之傾倒不已。

蘇小小相當喜愛西湖，常常乘著馬車出遊，有一次馬車途經西冷橋時，青年才俊阮郁正好騎著馬從另一頭過來，蘇小小對阮郁一見鍾情，當下即吟了一首詩：「妾乘油壁車，郎跨青驄馬，何處結同心？西凌松柏下。」

阮郁一聽到蘇小小吟的詩，當下也為佳人的美貌與才情所傾倒。互相傾心的兩人，藉由情詩一首，在西冷橋上結下情緣。

誰•會•說 YES！

好動人的愛情故事喔！

站在橋上，聽西湖之水冷冷作響，別有一番滋味。

在這裡能不花一毛錢賞整個湖面的荷花，真是一番樂事。

或許我也該在我的花園弄個會發出響聲的橋、河流，才不會太安靜！

美食達人楊貴妃　　勤學君王李世民　　精打細算王熙鳳　　聲勢浩大秦始皇

西泠橋是一座單孔拱橋，因溪水從此孔經過，
泠泠作響而使此橋稱為西泠

貼心便利貼

夏天的時候，西冷橋旁是欣賞滿湖荷花的絕佳景點。大片大片的荷花荷葉，襯的橋身更加風雅。

 旅遊玩家

開放時間	戶外全天
門票資訊	免費
交通資訊	7、27、52（外環）、Y10至岳廟站

西冷橋略呈彎月形
像不像環抱西湖的臂彎

▶▶▶ 蘇小小墓與慕才亭

 由來介紹

　　蘇小小，南齊錢塘人，名歌妓，除了貌美出眾，與其它歌妓最大的不同，便是才華出眾，出口能成章，也因如此，多少才子拜倒其石榴裙下，就連白居易、張岱等詩人，都曾寫文傳頌美人。佳人香消玉損後，為了紀念她，因此建成此墓。在文化大革命時期，蘇小小墓被破壞，直到2004年杭州市政府才重修此墓。

 隨身導遊

　　慕才亭為六角攢尖頂亭，是1988年才建成，亭下有六根柱子，卻有十二副對聯，堪稱是西湖最多對聯的亭子。

雖然這墓是後世修建的，不過還是令人不禁好奇到底是怎樣一位美麗的女子，居然能讓各種的男人皆醉心於她？

貼心便利貼

亭柱上最多字的一副對聯：「煙雨鎖西泠剩孤冢殘碑浙水咽餘千古憾，琴樽依白社看明湖翠嶼櫻花猶似六朝春。」

 旅遊玩家

開放時間	戶外全天
門票資訊	免費
交通資訊	7、27、52（外環）、Y10至岳廟站

才亭的柱子上刻滿對聯，是史上最多對聯的亭子了。

雖然有點悲傷，但還是很浪漫！

既有才又有美貌，真是可惜了呀！

李大爺，咱們大觀園的姑娘個個有才又有貌，姑奶奶我看多啦！

我幹嘛去看一個歌妓的墓。

美食達人楊貴妃　勤學君王李世民　精打細算王熙鳳　聲勢浩大秦始皇

179

▶▶▶ 岳王墓

 由來介紹

　　岳飛，字鵬舉，河南湯陰人，小時候家貧，他所處的年代，正是金人侵犯宋朝時期，因此岳母在岳飛的背上刻「精忠報國」四個大字，盼他能報效國家，收復失土。

　　而岳飛也不負母親的期望，在軍中大有作為，他帶的軍隊紀律嚴明，履建奇功，將金人打的節節敗退，無奈昏君與奸臣秦檜當道，奸臣畏懼岳飛軍功過盛，威脅他的地位，便要皇上將其召回。

　　可是岳飛軍隊氣勢正旺，只差一步，便能直入汴京，收復被金人入侵的國都，皇帝卻在這時無緣無故下旨召回，岳飛哪裡肯呢？

岳飛愈無視皇帝的旨意，秦檜愈是加油添醋，因此昏庸無能的皇帝，連下了「十二道金牌」，要岳飛立馬速回，岳飛心不甘情不願的回來後，即被莫名冠上捏造的罪名，滿門抄斬。直到宋孝宗時，才為岳飛平反罪名，追封顎王，因此我們可以看到岳飛的墓上刻著宋岳顎王墓。

 隨身導遊

現在我們早餐店裡常見的「油條」，據說最早是由杭州人發明的喔！而且還和岳飛有關。

自從秦檜和他的妻子王氏，兩人密謀害死抗金英雄岳飛，事情東窗事發後，杭州的老百姓憤恨不平，可秦檜是皇帝眼前的紅人，大家敢怒不敢言。

在城裡有兩個相鄰的小吃攤，一個是賣油炸糯米糰子，另一個是賣芝麻燒餅的。這天，買菜的時間過了，人潮散去，兩人坐在攤門口休息，聊到岳飛被奸臣害死一事，兩人又是一陣氣憤，正找不著方法發洩心中怒氣時，賣燒餅的從桌板上將麵團捏成兩個人形，做成奸臣秦檜和他妻子王氏。接著拿起刀來斬了秦檜、劈了王氏麵人。

賣炸糯米糰子的一看也想出出氣，將那兩個被刀殺過的「麵人」背對背黏好後，放入他的油鍋，將兩人炸的金黃酥脆，高興的朝街上婆婆媽媽們喊道：「看哪看哪，油炸檜哪！」

　　一下子，街上來往的行人全圍了過來，看那麵人在鍋裡被炸的滾燙，眾人叫好，不料，這時秦檜乘轎經過，聽到有人「炸」自己，不由得一怒，停轎查看。不看還好，一看到自己被丟在油鍋裡炸的樣子，馬上氣的七竅生煙，怒的在街上大喊：「大膽刁民，居然敢冒用本官名諱，該當何罪？」

　　賣燒餅的和賣炸糯米糰子的一聽，皮皮的辯解：「大人，您的檜是「木」字旁，咱們的「燴」是火字旁，不一樣咧！」秦檜一聽，再看到鍋中被炸的焦黑的麵人，大怒道：「這分明是狡辯，這炸的黑成這樣要怎麼吃？」

　　沒想到圍觀的民眾中，有人將那黑焦焦的麵人一把撈起，喀吱喀吱大口大口的吃，旁邊的人一看，也都爭相搶食，直道好吃、好吃，就是得這樣吃。秦檜一看哭笑不得，又不知如何再辯，氣的拂袖而去。從此，「油炸檜」在百姓間傳開，大家紛紛前來購買，要把奸臣拆吃入腹。後來麵人慢慢的簡化，便成了今日我們吃的油條。

廟的門面相當有氣勢。

飛的塑像，一股正氣似乎油然而生。

貼心便利貼

在塑像的正後上方，匾額上「還我河山」四個大字，據說是依岳飛手跡所雕；在岳飛墓旁還有長子岳雲之墓；門前四座跪立的鐵像，是害死岳飛的秦檜夫婦、萬俟松、張俊四人，上半身坦胸露乳，後人見這四人鐵像莫不往他們身上吐口水，以表達憤恨之情。

 旅遊玩家

開放時間	07：30～17：30
門票資訊	25元
交通資訊	7、27、52（外環）、Y10至岳廟站

刻著「碧血丹心」的牌坊
訴說著岳飛赤誠一片的忠心

— 誰•會•說 YES！ —

人家最討厭打打殺殺的了。

鑑古可知今，我得提醒自己不要犯錯。

大英雄，值得欽佩。

好一個英雄，我秦始皇得好好和他會一會。

NO!

YES!

YES!

YES!

美食達人楊貴妃

勤學君王李世民

精打細算王熙鳳

聲勢浩大秦始皇

184

▶▶▶ 印象西湖

星等評價：

就是熱愛自然：★★★

我愛大藝術家：★★★★

只有這裡才有：★★★★

婆婆媽媽按讚：★★★★

 由來介紹

　　由張藝謀、王潮歌、樊躍三人打造的「印象西湖」，是結合了水景、聲光、戲戲、中國之美的華麗燈光水秀。以白蛇傳中，白素貞與許仙的愛情故事為主軸，結合西湖山水，融入西湖十景。

　　整場表演最精彩的莫過於白素貞與法海和尚大鬥法時，演員們激起的水花相當壯觀，加上一想到這裡正是故事發生的背景地點，看著西湖山水，令人有加倍的臨場感。

 隨身導遊

　　印象西湖的表演場地相當特別，為了不影響船隻的航行，因此表演舞台是深藏在水面底下，直到表演時刻，才緩

緩上升至水面下三公分處，如此一來，當演員們行走於舞台上時，就如同走在水面上，結合燈光、道具效果，加上白娘子的神奇法術，整場秀的氣氛夢幻異常、詭絕豔麗！

―――― 誰•會•說 YES！ ――――

在水面上的表演真特別，從來沒看過呢！

居然有如此巧思的舞台，值得學習。

美食達人楊貴妃 　勤學君王李世民 　精打細算王熙鳳 　聲勢浩大秦始皇

 旅遊玩家

貼心便利貼

除了張藝謀等三位大師之外，聲音的部分是由日本的音樂家喜多郎配樂，中國燈光師易立明設計燈光，超女張靚穎主唱。

開放時間	夏季19：45、21：45各一場表演，一到三月停演
門票資訊	240～600元
交通資訊	7、27、52（外環）、Y10至岳廟站

▶▶▶ 放鶴亭

星等評價：

就是熱愛自然：★★★★

我愛大藝術家：★★

只有這裡才有：★★★★

婆婆媽媽按讚：★★★★

 由來介紹

放鶴亭的由來，是為了紀念林和靖而建。

林和靖是北宋詩人，因感當時朝廷腐敗，不願為官同流合污，於是離開京城，因緣際會來到西湖後，相當喜歡西湖山水與環境，因此在孤山落腳，定居下來。

他終生未娶，也不追求功名，平日除了吟詩作畫，還喜歡種梅、養鶴，於是他在西湖孤山便「以梅為妻、以鶴為子」，逍遙渡過餘生。原來早在北宋時期，中國就有所謂的「不婚貴族」，種種花草、養養寵物當兒子，林詩人還真是前衛呢！

 隨身導遊

　　關於林詩人的「梅妻鶴子·鹿家人」,在民間的傳說是這樣的。

　　話說林詩人在孤山落腳後,日子久了,也難免寂寞,於是便向山下獵人買了隻白鶴和小花鹿來和自己作伴。他將白鶴養在一座亭子裡,每天早上將牠放出去「遊玩」,而小鹿則讓牠在山坡上自由自在的奔跑。

　　那獵人有個小兒子,相當喜歡那隻小鹿,雖然小鹿已經賣給詩人,但他還是每天到山坡上和小鹿玩耍,後來他到酒店當學徒,還是不忘小鹿,甚至有時還帶著小鹿到酒店當值,而小鹿也從沒走失過,每晚必定回到山坡邊。

　　有天林詩人回到家中,發現小鹿的脖子上竟然掛著一個籃子,籃子裡面放著一壺酒!原來是獵人兒子的心意,為了感謝林詩人信任他,讓他和小鹿可以每天來往,因此特地讓小鹿掛著酒,向林詩人答謝。林詩人看著酒,開心的拍拍小鹿的頭說:「小鹿呀小鹿,你可堪稱為一個家人了呢!」

　　有天,詩人的好友來訪,卻碰巧林詩人出門踏青去,養在亭中的白鶴見到有人來,便振翅一飛、往天上飛去,瞬間

不見蹤影。好友因為撲了空、掃了興，正想離去時，沒想到林詩人卻回來了。

好友開心的告訴詩人自己正打算離去，他便回來，真是天意。詩人說：「不是天意，而是白鶴一飛，我便知曉有人來了，這才趕緊回來。」好友聽了，嘖嘖稱奇。

好友許久不見，開心重逢，怎可沒有酒呢？於是詩人喚來小鹿，讓牠掛著籃子和酒錢，到酒店打酒去。友人見了直誇小鹿聰明，再看看好友周遭，不禁疑問：「有鹿有鶴，怎不見你最喜愛的梅花？」

林詩人被好友一語驚醒，拍手叫好，待好友走後，他在山坡上遍植梅花。於是「梅妻鶴子鹿家人」的佳話，就此流傳下來。

貼心便利貼

面對滿山梅林，林詩人有次畫了幅「梅林歸鶴」圖後，在畫旁題了首詩：「疏影橫斜水清淺，暗香浮動月黃昏。」讓人彷彿親身感受到，在月下，在充滿梅香的空氣中的美妙時分。

有白鶴又有小鹿，好像很可愛呢！

如此孤高傲潔之人，真想把他請來身邊作官呀！

居然有人能終身不娶，以梅為妻，實在太稀奇了！

一個大男人縮在一座孤山上成何體統？男人就該幹大事業！

（美食達人楊貴妃）　（勤學君王李世民）　（精打細算王熙鳳）　（聲勢浩大秦始皇）

 旅遊玩家

開放時間	戶外白天
門票資訊	免費
交通資訊	位於孤山島上，可搭乘7、ㄚ10至少年宮站，由斷橋、白堤散步進去

噴噴的麻餅嘍！

Chapter 07

杭州的
吃喝玩買功略

樓外樓　歷史名菜

時間：10：30～20：45
價格：20～百元不等
地址：位於孤山島上

東坡肉

雖然我看起來有很多肥肉，但現代研究證實，經過小火慢燉，我體內對人體有益的不飽和脂肪酸會加倍增加，相反的，對人體有害的飽合脂肪酸會減少一半！
所以我不僅好吃，也很健康喔！

價格略高，體驗價值大於性價比指數！

淨洗鍋，少著水，柴頭罨煙焰不起。待他自熟莫催他，火候足時他自美。黃州好豬肉，價賤如泥土。貴人不 肯喫，貧人不解煮，早晨起來打兩碗，飽得自家君莫管。

－－蘇軾《豬肉頌》

話說蘇軾二次出任杭州父母官，疏浚西湖，百姓為了感謝他，殺豬煮酒送予蘇東坡，蘇東坡雖百般推卻，但盛情難卻，於是他命人將豬肉切予小方塊，並命廚子「慢火、少水」煮好後連酒一同送予民工同樂。

誰料廚子聽錯，把肉「連酒一起煮」，加了酒之後煮出的紅燒肉特別軟滑香嫩，於是從此，此種煮法煮出的紅燒肉，便命名為「東坡肉」，又因為是蘇東坡將人民贈予他的肉再予以回贈，因此又稱「回贈肉」！

好吃～

嚼

還會附上一個像刈包一樣的包子皮，夾著東坡肉吃剛剛好！

樓外樓　歷史名菜

時間：10：30～20：45
價格：20～百元不等
地址：位於孤山島上

宋嫂ㄅ魚羹

據史料記載，宋朝末年金人入侵，國都南遷，史稱南宋，有一宋嫂與小叔也一同遷往杭州，不久小叔一病不起，無論什麼食物都沒胃口，宋嫂為之煮魚蛋粥進補，這時官兵來到家中，要抓壯丁為皇上建造宮殿，宋嫂顧不得粥，只趕緊向官兵苦苦哀求，不要抓走病重的小叔。官兵走後宋嫂才發現，剛才慌忙之中打翻了醋，魚蛋粥早已煮成羹狀。
沒想到小叔吃了加了醋的粥，竟覺胃口大開，其它的食物也吃的下了，身體也漸漸好轉。
後來南宋皇帝遊西湖時，品嚐了宋嫂的魚羹還為此讚賞不已呢！

西湖醋魚的由來，源於古時一對住在西湖畔打漁為生的宋氏兄弟。一天哥哥的妻子在湖邊浣紗，路過的縣太爺見著宋嫂的美貌，心生邪念，用計將宋兄害死，想將宋嫂佔為己有。

小老百姓無法與官老爺抗衡，於是宋嫂希望宋弟發奮讀書、進京趕考，將來當上大官，再為宋兄報仇。

臨行前，宋嫂燒了一條魚給宋弟踐行，味道十分奇特，有糖有醋，因此又甜又酸，宋嫂對宋弟說：「你若考取上功名，生活若過的甜了，千萬不要忘記老百姓的辛苦、兄嫂的心酸。」

後來宋弟果真當了大官，回到家鄉懲治惡官、為兄報仇後，卻遍尋不著嫂子的下落。在一次宴飲中，他吃到一條魚，那魚的味道就和當年宋嫂燒的一模一樣！喚來廚娘，果然，正是他尋找多時的嫂子！

原來當年宋弟離開之後，宋嫂便隱姓埋名到大戶人家宅院中當廚娘為生。

宋弟找著了宋嫂後，辭去官職，兩人回到湖邊，重回漁家生活，打漁為生。

西湖醋魚

知味觀

時間：10:30～21:00
價格：60-150元
地址：吳山廣場店位於河坊街上

杭州點心
　　第一家！

杭州的「點心第一家」：知味觀，在此已經開業九十多年，早期以餛飩為招牌，發展出各式各樣的吃法。光是煮食的方法就有「湯、炒、蒸、煎」四種，再搭配上有五種顏色的餛飩：紅色的蝦子、黃色的蛋絲、綠色是蔥花、玉色開洋、黑色的紫菜；四種煮法、五種餛飩搭配出各式各樣的吃法，真可謂千變萬化！

除了餛飩，隨著時代改變，知味觀發展到現在擁有上百種的杭州小吃！如果說樓外樓是吃「正餐」的名店，那麼知味觀就是散步累了，一個可以坐下來喝喝茶、吃吃道地點心的親切地方。

有機會的話，嚐嚐西湖當地的蓮藕料理！

吃蓮藕對身體很好！

餛飩

紫菜

外婆家

時間：10：30～22：30
價格：約40-80元
地址：湖濱店－－湖濱路3號

要說杭州最「火紅」的餐廳，非「外婆家」莫屬！一聽店名便給人親切、溫暖的感覺，店內的菜色物美價廉，但店內的裝潢和氣氛卻不打折扣。

杭州西湖名菜這裡也大多吃的到，西湖醋魚、東坡肉等，品質也很優秀，價格比樓外樓親民一點。不過除了名菜之外，這裡我認為最特殊，也是最漂亮的一道菜是「青豆泥」。青翠的綠色在桌上，就像一道浮萍漂盪在桌上，瞬間讓用餐氣氛浪漫悠閒了起來。

想到這裡用餐的話，得有點耐心，尖峰時間大排長龍是常有的事，聰明的你一定會選擇離峰時間來此或是事先訂位吧！

好辣！

最超值的還是當屬3元一盤的麻婆豆腐！

顏色相當美麗的青豆泥！

王潤興酒樓

時間：10:00～22:00
價格：80～200元
地址：杭州市河坊街101-103號

乾隆皇找漢次開的飯館！

肚饑飯碗小，
魚美酒腸寬，
問客何所好，
豆腐燒魚頭。

說的正是當年乾隆皇吃的魚頭料理。其實不止是料理，酒樓建築也相當美麗，值得欣賞。

河坊街上的百年老字號酒樓，據說當年乾隆皇微服私訪江南時遇著大雨，皇上一邊躲雨一邊餓的發慌，於是敲門向民宅要了一頓便飯，這戶人家正是王姓人家，可是家中沒什麼吃的，只好將剩的半個魚頭、豆腐青菜，煮成一鍋沙鍋魚頭給乾隆皇止饑。後來乾隆皇每下江南必來王家吃魚頭，後來干脆出資給王家開了王潤興酒樓，並賜親筆御書「皇飯兒」三個字。

萬隆火腿莊

時間：07:45～17:30
價格：約10元到千元
地址：河坊街王潤興酒樓對面

杭州香腸、醃肉的老味道！

有包裝好的可供購買，相當方便！建築物外觀一樣古色古香，相當有復古風味！

同為河坊街上的百年老字號，萬隆火腿莊的香腸、火腿、醬鴨、醃肉，是杭州老一輩人記憶中的味道，好吃到連大作家——魯迅都多次光顧本店。
杭州人素有「醃臘上品推萬隆」的說法，傳統的萬隆火腿只用「金華豬」的大腿肉製作火腿，不過近年來因為豬隻供應數量不多，金華火腿一度傳出即將絕版一說。

太極茶道苑

時間：09:00～23:00
價格：依茶葉等級
地址：杭州市河坊街184號

> 古色古香的茶苑，不止可以喝茶，還可以吃芝麻糊喔！

> 看我表演泡茶絕技！

在河坊街上茶坊的店小二，是不是都會一兩招獨門絕技呢？這家又大又熱鬧的茶苑，特色就是當店裡的大掌櫃喊一聲：「倒水啦！」，店小二就會將滾燙的熱水從壺中倒出長長一條水線，而且手就杯口旁，一點都不怕燙到手！

一轉眼，一碗芝麻糊、藕粉糊就澆好了！來到杭州，除了品茶，也可嚐嚐著名特產——藕粉糊。

西湖產的藕品質特別優良，還曾被當作「貢品」上呈皇宮喔！「藕」在中醫之中具有潤肺、清熱作用，因此在太陽下走累的話，不妨來碗藕粉糊吧！

邵永豐餅店

時間：10:00～20:00
價格：5～10元起
地址：河坊街太極茶道苑附近

充滿芝麻香的——「百年衢州麻餅老店」！

豐 永 邵

麻餅通常會放在竹簍上，運氣好的話，可以看到師傅表演高超的技藝，把麻餅高高的往上拋，再隱隱的接住，如此來回數十次後，餅的兩面就均勻的沾滿芝麻！之後再進火爐裡烘烤，烤出來就是香噴噴的麻餅嘍！

白居易曾為麻餅作詩：

胡麻餅樣學京都，
面脆油香新出爐；
寄予饑饞楊大使，
嚐看得似輔興無。

麻餅不但便宜，還有綠茶口味喔！嚐嚐看吧！

王星記扇莊

時間：08:30～22:00
價格：二十～千元不等
地址：杭州市河坊街203號

王星記扇莊創於公元1875年（清光緒元年），創始人王星齋家中是三代扇業家族，二十多歲的時候技藝便已相當精湛，就連妻子也是黑紙扇的貼花灑金高手，兩人漸漸將家族扇業發揚光大，不過經歷了時代的波折、文革、抗戰爆發，王星記曾一度沒落，幾次起死回生又遭逢火災，一直堅持到今天，才將製扇技藝保留下來。

在扇子界向來便有所謂「蘇白杭黑」的說法，「杭黑」指的就是——「黑紙扇」。

黑紙扇的扇骨採用棕竹製成，扇面除了使用天目山純桑皮紙外，需要再塗好幾層的高山柿漆，浪漫的杭州人，在裝飾上更是費盡心思！泥金、泥銀、剪貼、繪畫、書法，加上現代源源不絕的各種新式材料，一把扇子上的學問，真不是那麼簡單的！

這樣的好東西早在清朝時便多次成為「杭州代表」進貢給皇上使用嘍！所以黑紙扇又有「貢扇」之稱！

除了黑紙扇，如今扇莊還有白紙扇、檀香扇、絹竹扇、宮團扇、屏風扇、白骨扇、羽毛扇等等，許多不同的扇子可以選擇喔！

想像自己是大文豪蘇東坡，或是南巡的皇上，拿一把扇子，遇著暑熱就拿扇子扇涼，遇著西湖矇矇細雨就拿扇子擋雨。光是想像就讓人覺得好詩情畫意呀！

要做成一把好扇子真是不容易耶！

黑紙扇以純手工製作，需經過製骨、糊面、摺面、上色、研磨、整形等等，一共八十六道手續，經過這麼精細的製作，才能使扇子闖「三關」喔！
是哪三關呢？
一雨淋不透，二曝曬不翹，三紙不破、色不褪！如此方能配的上「一把扇子半把傘」的美譽！

真是精美的扇子！

203

張小泉剪刀

時間：08:30～22:00
價格：十～百元不等
地址：杭州市河坊街大井巷92號

張小泉
大戰蛇妖！

有一個傳說，張小泉出生時，因為母親在河邊洗衣，一個不小心，剛出生的他掉到河裡了，於是母親為他取名小泉，而且他極熟水性。

小泉的父親是個手藝極好的鐵匠，從小他就跟在父親身旁學習，長大後三個兒子也都繼承他的衣缽。

一天，村裡的井水突然變得又黑又濁，村裡長老說是因為錢塘江水有兩條大蛇怪，每隔幾年就到這裡產卵，井水才會如此腥臭。沒有井水的生活很不方便，於是小泉命兒子買來兩大罈老酒和雄黃酒，並回家取來他親自打造的大錘！只見他將買來的酒，咕嚕一聲，喝盡一罈，再將一罈澆淋在身上，接過兒子取來的大錘，噗通一聲就跳進井裡，將大蛇殺死拖出大井，井水這才恢復清徹，村民們見狀，全都高興不己。

傳說雖然只是傳說，不過看著剪刀，還真有蛇的感覺呢！

怎麼繞的呢？

小泉將蛇拖回家後，他看著兩條修鍊成鋼筋鐵骨的蛇精屍體，靈感一來，於是他先在蛇頸釘上一枚大鐵釘，然後把蛇尾、蛇身纏來繞去，再把蛇頭磨成尖刀形狀，就這樣，世上第一把剪刀就此誕生。

作貢品的文房四寶

位於南宋御街北端一角的邵芝巖筆莊，創立於1862年，製作毛筆以「選料必精，加工必嚴」為宗旨，製筆過程需經過選毫、梳毛、造型、結頭、裝套、刻字等七十多道工序，相當講究繁複。
邵芝巖筆莊的毛筆以「尖、齊、圓、健」著稱，以前是御用貢品，在現代也是獲獎無數，深得許多畫家喜愛，如果想要購得品質較佳的文房四寶，來這裡準錯！
店內主要販售四種筆：紫毫、狼毫、羊毫和兼毫。

別小看這一支小小的毛筆，想製作一支上等的絕佳毛筆，可是需要很多學問喔！

205

龍井問茶

時間：白天、天氣晴朗日為佳

價格：依茶葉等級價位不等

交通：搭乘27、Y3，至龍井寺、龍井山園、龍井茶室站皆可。茶葉博物館至雙峰站。

從乾隆皇「六次下江南、四次親臨龍井」便可看出他對龍井茶有多愛了，所以今天我們在龍井山上可以看到許多乾隆皇留下的「足跡」。

首先是龍井寺裡的「龍井八景」，這可是乾隆皇帝遊龍井時，親題封名的八景，包括有翠峰閣、龍泓澗、神運石、方圓庵、一片雲、風篁嶺、滌心池、溪亭。

除了八景，愛玩又愛享受的皇帝，還親自欽點十八棵茶樹，這十八棵茶樹每年採下的新茶，是專門「宅配」給乾隆皇享用的，因此這裡是貨真價實的「御茶園」。

雖然都叫「龍井」，不過依採收的時間產地，茶葉可是有等級之分喔！極為珍貴的是在清明節前採收的茶，稱為「明前龍井」，是龍井的「上品」；在穀雨前（約四月中旬左右）採收的叫「雨前龍井」，味道也不錯；在穀雨後採摘的龍井，品質較為一般。除了時間，產地也有分別，除了梅家塢龍井、西湖龍井外，一般來說，以龍井村裡的獅子山上，所產的「獅峰龍井」最負盛名，要是能買到「獅峰明前龍井」，那真是龍井中的「最強版」了！

中國茶葉博物館

門票：免費
時間：08：30-16：30
地址：龍井路雙峰38號
內容：除了展示茶的歷史和品種，還有茶的發明過程！

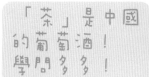

「茶」是中國的酒ㄉㄨ葡萄ㄉㄨ學問！！

我就是守護井水的水龍神！

哇～～

一壺好茶除了茶葉，泡茶的水也很重要。

號稱西湖三大名泉：龍井泉、虎跑泉、玉泉，各有喜好的雅士，龍井泉的大粉絲就是乾隆皇，在井邊石頭上還有乾隆皇的字跡，只是歲月久遠，已經不甚清楚。

這口龍井泉最奇特之處，就是打水時水面被水桶攪動後，水面上會有一條不斷遊動的水線，像一條小水龍在井裡不斷遊動似的，如果剛好遇上有人打水的話，不妨仔細看看，說不定你可以看到小龍在井底和你打招呼喔！

可以嘗試在此處黏上
自己去旅遊所拍攝的照片
並寫下當時難忘的記憶

隨手小品：

可以嘗試在此處黏上
自己去旅遊所拍攝的照片
並寫下當時難忘的記憶

隨手小品：

可以嘗試在此處黏上
自己去旅遊所拍攝的照片
並寫下當時難忘的記憶

隨手小品：

可以嘗試在此處黏上
自己去旅遊所拍攝的照片
並寫下當時難忘的記憶

隨手小品：

可以嘗試在此處黏上
自己去旅遊所拍攝的照片
並寫下當時難忘的記憶

隨手小品：

Chapter 08

杭州旅遊
不可不知

住宿區域特性

　　遊杭洲，主要景點幾乎都圍繞在西湖周邊，而西湖的南邊和西邊是高山，北邊和東邊較繁華熱鬧，也是主要的活動範圍。雖然杭州火車站位於西湖東邊，不過離西湖有段距離，所以不建議住在火車站附近。

位置	優☺	缺☹
湖濱晴雨	交通位置最佳、吃東西方便	價格較高
柳浪聞鶯	交通位置佳、可步行至河坊街（約走15～20分鐘）、住宿價格選擇多樣、親民	交通位置略差於湖濱晴雨
雷峰夕照	價格親民、風景佳、離蘇堤近	交通位置較差
曲院風荷	交通位置佳、風景佳、離重大景點極近	價格較高

如何訂青年旅館

　　在www.yhachina.com網址裡查詢好青年旅館名稱後，再到www.booking.com查詢該青年旅館的名稱。建議在booking上面訂房，大部分都不用手續費，還有網友住宿評價可參考。

杭州機場

　　杭州只有一個機場：蕭山國際機場，有三個航站大樓，T1、T3航站大樓是負責國內線，T2負責國際線，從機場到杭州市區，比較平價的選擇是搭乘機場巴士，車程時間約為40分鐘至1小時。

機場巴士

哪裡搭	機場候機樓－到達廳14號門
多少錢	20元人民幣
機場發車時間	● 07：30～09：30（30分鐘1班） ● 09：30～17：00（15分鐘1班） ● 17：00～21：00（20分鐘1班）21:00後，每30分鐘1班 ● 30分鐘、20分鐘和15分鐘為等待時間，坐滿即發車，沿途停靠：城站火車站、維景國際大酒店、武林門民航售票處（21：00以後停在武林小廣場）
武林門民航售票處發車時間	● 05：30～09：00（30分鐘1班） ● 09：00～17：00（15分鐘1班） ● 17：00～21：00（30分鐘1班） ● 30分鐘、20分鐘和15分鐘為等待時間，坐滿即發車。沿途停靠：中山大酒店、城站火車站、機場候機廳

註：以上資訊來源為杭州蕭山國際機場官網：www.hzairport.com/

杭州火車站

1	杭州共有三個火車站:杭州火車站、杭州南站、杭州東站。最接近西湖市區、最常用的是杭州火車站,從上海搭火車至杭州就是到此站。
2	杭州人稱「杭州火車站」為「城站火車站」。
3	火車站外有多台公交車,可搭乘前往各處,如果住在西湖周邊,請記住這兩台公車:7號和「游2/Y2」。這兩台公交車可以方便的來往於西湖市區與火車站!(詳細路線請參照前面章節的公車路線圖)

杭州市區公交車

	名稱	車資(人民幣)
普通巴士	一般數字表示	1~1.5元
空調巴士	開頭為K	2元
觀光巴士	開頭為Y	2~3元
假日巴士	開頭為J	2元

註1:旅行者最常使用的為觀光巴士「Y」系列,假日有時會加開其它線路車班,開頭為「J」系列。

註2:公交車上不找零,需自備零錢。

註3:如果不想準備一大堆零錢,可辦一張杭州公交IC卡(Z卡),就像我們的悠遊卡一樣,上車嗶一下就好,非常方便。

杭州地鐵

杭州雖是個旅遊發達的城市，但地鐵線路還不算完整，起步價為2元，依距離遠近收費，一般價格約在2～8元。雖然有地鐵，但遊客會用到的路段主要以杭州火車站與機場巴士的下車處為主，所有著名遊玩景點幾乎無法用地鐵到達，所以在杭州遊玩主要以公交車為主，所以來杭州旅遊建議不要帶太多行李，以免行動不方便！

杭州自行車

杭州也有U-bike？沒錯，杭州也有U-bike，不過在當地不叫U-bike，而是稱為「公共自行車」。其實西湖周遭景點區範圍頗大，蘇堤、白堤距離頗長，如果腿酸了，租一台自行車騎乘西湖湖畔，倒也是頗為詩意的旅遊方式。

向路邊攤販租自行車怕被敲竹槓的話，可以考慮使用杭州市的「公共自行車」租借系統，其實和台北的U-bike使用方式頗為雷同。

最大的差別是，租借服務並不是24小時，有的站必須在規定的時間點前歸還車輛，只有少數幾個點才能24小時租借，這點大家在借、還車時要特別注意！如果沒在規定的時間內還車，可是會持續計算費用的喔！

來到杭州，不如辦張公交IC卡（ z卡），就能在杭州行動自如！

卡別	杭州公交IC卡（ z卡）
如何辦	帶著台胞證、保證金(200元人民幣)、預付金(100元人民幣)，退卡時，會將保證金、預付金（扣除騎乘車資後）金額退還。
哪裡辦	在腳踏車租借點旁的服務亭中即可辦理
辦理時間	公共自行車辦卡服務亭只營業至下午五點
租借時間	4到10月：06：00～21：00 11到3月：06：30～20：00 請務必要在時間內歸還，否則會依時間繼續計算費用！
租借費用	60分鐘內：免費 60分鐘到120分鐘：每小時1元 120分鐘到180分鐘：每小時2元 180分鐘以上：每小時3元(不足一小時以一小時計)

杭州旅遊集散中心（黃龍體育館內）

網址	www.96123.com
地址	杭州市黃龍路3號
怎麼去	公交車B1、K92、16、28、21、24、Y6 、Y9、307、82、6、23、K900、49、502，搭乘至「黃龍旅遊集散中心」站。
服務內容	以杭州為據點，出發前往周邊景點、縣市旅行的集散地，是散客和自助旅行者的好幫手。 除了提供多種旅遊路線選擇，還兼具旅遊資訊諮詢、飯票務預訂多種功能服務據點。 想順便到附近縣市旅行的旅客，不妨先上網站查詢，可省下查詢時間。

如何搭火車前往蘇州、上海

查票網站：www.12306.cn 是一個相當好用的大陸火車票查詢官網，雖然也可在上面訂票（需加入會員，要有銀聯戶頭及大陸手機號碼），不過網站有時不太穩定，不太建議線上購買，最好可請當地人代購，或是查好車班資訊，抄下後，到當地再持台胞證前往代售處購買。

在大陸預售火車票，每張票會加收5元人民幣手續費。網站上最常利用的選項為：「餘票查詢」，以及「車票價格」查詢，這兩個選項幾乎就可以得知所有會用到的訊息，裡面詳列了班車時間、票價、剩多少票等資訊。

另外有趣的是，查詢時要輸入「驗證碼」，與我們不同的是，驗證碼通常是簡單的數學題目，例如：$7 + ? = 12$，這時你得在答案框中輸入「5」，才是正確答案喔！

火車代號名詞解釋

英文	車種解釋
G	高鐵
D	動車，時速最快可到250公里
Z	直達特快車，中間不停站，是城市點對點直達車。
T	特快車
K	快車

（依照速度快至慢）

作者經驗談

✈ 需要避開的日期

大陸的五一假期、十月國慶日假期、春節等重大節日，如沒有特殊原因，請盡量避開來，因為不但各式門票、住宿、交通價格飆漲，一票難求，重大觀光景點更人滿為患。

✈ 買票必找官方賣票處

一出杭州火車站會有許多私家旅行社、拉人、拉車的情形，一路到公車站也都充滿著招攬「民宿」的人。雖然杭州民風還算純樸，但在公共車站還是有許多這樣招攬「私人行程」的商家，請不要接受，一定要找公家單位買票、搭車，絕不要貪小便宜。

✈ 什麼插座都能通

大陸插座的電壓為220V，所以需要有變壓器的電器才能使用，不過大陸牆上的插座孔可說是萬用的，因為在牆壁上的插座孔有各式各樣的孔洞設計，如果需要一個以上的插座，建議帶個「一接多」的插座轉換器。

✈ 搭火車一定要注意

搭火車一定要提早到火車站，並且準備好台胞證和票，大陸的火車站是有購票才能進入火車站大廳，比較嚴格的站會同時檢查購票的證件和票（核對是不是同一個人），還要檢查行李（像機場一樣的X光檢查）！

萬一遇上人多大排長龍的話（不可小看億萬人口的國家呀！）可真是會欲哭無淚，且大陸火車很特別的是：在開車前5分鐘閘口就關起來了！這點和台灣趕在車門關上最後一秒、跳上火車大不相同！

作者就有過慘痛的經驗，搭車時間抓的太緊，一到入口處，發現大排長龍，而我們的火車再過不久就要開了，這時候怎麼辦呢？想來是待在大陸玩久了，總覺得法理之外，在特別講究人情的東方，應該是可以通融一下，讓我們插個隊先行進關。

於是我們分工合作，一人排隊，一人衝到入關處，我把台胞證、車票準備好，拿給擋在關口控制人數的小姐看，詢問她能不能讓我先進去，我的火車時間快到了，接著用『著急的臉』，加上『誠懇的眼光』，還有火車票為證，證明我是真的趕時間，不是故意不排隊，這時候，奇蹟出現了！

那位小姐不動聲色（想來要是太大聲嚷嚷，怕大家都不排隊），在下一波要放人入關時，小聲的說：「還不趕快進去！」就這樣，便讓我們先行通關了！

好險有那位小姐好心放行，我們才能順利搭上車，不過為了避免這樣緊張的事件重演，我們決定還是依照以往的習慣，抓出發時間時，總是預估提早一小時左右到達（半小時實在讓人神經緊張）。

其實大陸的火車站（大站）都滿大的，光是走路、找路、找月台、驗票等，還要拖著行李，再加上有時出門拖拉一下，時間總是很快就過去……經過了這次事件後，我們寧可等火車，也別讓火車等我們！（何況火車根本不會等……）。

如何抓預算──作者的花費預算一覽表

旅行最難抓的就是預算，如果還要換外幣更是頭痛，換多換少都相當麻煩，以下是作者每次旅行使用的筆記術，每當自己控制的剛剛好時，都會覺得相當高興。右表以作者到杭州旅遊7天為例。

註1：除機票外，使用人幣計算。
註2：此表請依自己的行程增加減少表格。

重點一：能查到的價格就先查，寫入表中！
重點二：查不到的就依自己的習慣抓，公車族在小交通就很省，習慣用計程車移動的人預算就要抓多一點；餐費的話一定要吃館子的就抓多一點，喜歡吃小吃的抓少一點！

重點三：表格可依自己需求增加減少，並且最好依照行程順序列下來，如此一次，除了知道自己的預算，還能知道哪些車票、房間、資料還沒訂的、找齊的，依著表做就不會漏嘍！

	單價	天數/次數	己付款／刷卡	合計（需換外幣）
機票	1～1.5萬	1	己付款	0
機場巴士	20元	2趟	現金	40
住宿	300/2人房	6晚	現金	900/1人
吃飯	50／人	7天	現金	350
小交通	10元	7天	現金	70
大交通（前往第二城市的火車票）				
住宿（第二城市）				
其它／禮品	500	1次		500元
小計				約1,860元（基本開銷）

註1：除機票外，使用人幣計算。
註2：此表請依自己的行程增加減少表格。

現在，趕快制定你的旅行預算表吧！

	單價	天數/次數	已付款／刷卡	合計（需換外幣）
機票				
機場巴士				
住宿				
吃飯				
小交通				
大交通（前往第二城市的火車票）				
住宿（第二城市）				
其它／禮品				
小計				

此表格可自行影印剪下喔

2015 世界華人八大明師 台北場
& 五大創業家論壇

創意・創業・創新・創富

成功者只是更快速找到創業創富的密碼，
如果你有機會知道他們怎麼思考，
做對了哪些事，你當然要把握這唯一的機會！

超值席位 火熱報名中！

　　一個觀念，可改變一個人的命運，一個點子，可創造一家企業前景。為了提昇企業經營的創新與創意層面，透過產品創新與創意培訓的發想，配合創意行銷模式的導入，以達成經營績效的提升。我們將邀請兩岸的頂尖創業家齊聚一堂，暢談其成功之鑰，給台灣的朋友們注入更多的啟發和信心，以增進國人軟實力。

報名請上網址：www.silkbook.com　我要報名

主辦單位	中華華人講師聯盟	采舍國際 www.silkbook.com	RainMaker		創富教育顧問有限公司
	零阻力股份有限公司	松炎網路行銷 SongYan Corp.	社團法人 中華價值鏈管理學會		王道增智會
承辦執行	采舍國際 www.silkbook.com				

承辦執行	華文聯合出版平台www.book4u.com.tw	創見文化	啟思	活泉書坊
	知識工場	典藏閣	雲國際	鴻漸文化	鶴立文教機構
	éf		新絲路網路書店 silkbook.com	超越巔峰

上海慢慢玩
定價NT280元

本書特色

◆ 五種方式遊遍大上海
　第一：隨意在街上走晃。
　第二：透過「非物質文化」，用味蕾品味一個城市。
　第三：參訪該城市裡最著名的「博物館」。
　第四：欣賞「外灘建築」。
　第五：了解上海為人所津津樂道的「歷史名人」。

◆ 期待第一次前進中國的新朋友，帶著這一本就足夠，精心規畫私人漫步路線和著名處周邊
　景點，深入只有在地人才知道的私房景點、名勝遺產、人氣店家！

◆ 附各區地圖、景點標示和店家資訊，方便參考查索！所有資料由作者親自採線與拜訪，最
　新最正確！

◆ 全書精美照片、插畫和手稿，並在書中附加旅遊資訊，從氣候到治安、從交通到住宿、從
　飲食到購物、從景點觀光到夜生活娛樂、從如何認路到如何退稅，再到遺失金錢證件如何
　應變，一應俱全，清楚明白！

Tour

西安洛陽慢慢玩

定價NT280元

本書特色

■ 西安，這是一座中國歷史上建都朝代最多的城市，從西周到唐朝，它經歷了十三個朝代的榮辱興衰，歷史給這座美麗的古都，留下了深深的回憶。

■ 洛陽，中國著名且多采多姿的城市之一，隨著時代的演進，不停地改變它的面貌和機能，由以前的政治中心、文化古城、經濟及商業重鎮，而演變成為現代的工業及交通要地。

Tour

旅遊雲 06

出 版 者／雲國際出版社
作 者／典馥眉,金城妹子
總 編 輯／張朝雄
封面設計／丁艾葳
排版美編／YangChwen
內文插畫／金城妹子
出版年度／2015年1月

郵撥帳號／50017206 采舍國際有限公司
　　　　　（郵撥購買，請另付一成郵資）
台灣出版中心
地址／新北市中和區中山路2段366巷10號10樓
北京出版中心
地址／北京市大興區棗園北首邑上城40號樓2單
　　　元709室
電話／（02）2248-7896
傳真／（02）2248-7758

全球華文市場總代理／采舍國際
地址／新北市中和區中山路2段366巷10號3樓
電話／（02）8245-8786
傳真／（02）8245-8718

全系列書系特約展示／新絲路網路書店
地址／新北市中和區中山路2段366巷10號10樓
電話／（02）8245-9896
網址／www.silkbook.com

杭州慢慢玩/典馥眉著. -- 初版. --
新北市：雲國際, 2015.01
面；　公分

ISBN 978-986-271-550-5（平裝）

1.旅遊 2.浙江省杭州市

672.39/101.6　　　　　103019224